MARCO ⊕ POLO

KALABRIEN

Reisen mit
Insider Tipps

> Die als rau verschrienen Kalabresen erweisen sich oft als die gastfreundlichsten Süditaliener, und Geschichte geht hier durch den Magen – Wein aus Cirò tranken bereits die Olympiasieger der Antike.
> *MARCO POLO Autor*
> *Peter Amann*
> (siehe S. 127)

W0109649

Spezielle News, Lesermeinungen und Angebote zu Kalabrien:
www.marcopolo.de/kalabrien

KALABRIEN

Catanzaro
Gióia
Táuro
A3
Monaste
Marina
106
Locri
Montalto
1955
Réggio
di Calabria

INHALT

> SZENE

S. 12–15: Trends, Entde-
ckungen, Hotspots! Was
wann wo in Kalabrien
los ist, verrät der MARCO
POLO Szeneautor vor Ort

> 24 STUNDEN

S. 94/95: Action pur
und einmalige Erlebnisse
in 24 Stunden! MARCO
POLO hat für Sie einen
außergewöhnlichen
Tag an Kalabriens Küste
zusammengestellt

> LOW BUDGET

Viel erleben für wenig Geld!
Wo Sie zu kleinen Preisen
etwas Besonderes genießen
und tolle Schnäppchen
machen können:

Preiswert übernachten
im Hinterland S. 34 | Ein
Bungalow auf dem Camping-
platz S. 40 | Bed & Breakfast
mit Anschluss an die
Schmalspurbahn S. 52 |
Holzofenpizza: knusprig,
billig, gut S. 62 | Italienisch
lernen in Tropea S. 71 | Für
2 Euro nach Sizilien S. 86

> GUT ZU WISSEN

Was war wann? S. 10 |
Spezialitäten S. 26 |
Kathedralen in der Wüste
S. 44 | Blogs & Podcasts
S. 47 | Bücher & Filme S. 54
| www.marcopolo.de S. 104
| Was kostet wie viel? S. 105
| Wetter in Crotone S. 108

AUF DEM TITEL
Agriturismo: Relaxen auf
dem Bauernhof S. 13
Baden in Praia a Mare S. 35

ENTDECKEN SIE KALABRIEN!

Unsere Top 15 führen Sie an die traumhaftesten Orte und zu den spannendsten Sehenswürdigkeiten

Die Highlights sind in der Karte auf dem hinteren Umschlag eingetragen

 Grotta del Romito
Graffiti aus der Steinzeit: Vor über 11 000 Jahren ritzte ein Künstler das Bild eines Auerochsen in den Fels vor der Grotte im Laotal (Seite 35)

 Canyon des Raganello
Abenteuer mit Bergführer: Wanderung über einen überwucherten Felspfad zur tiefen Schlucht in der grandiosen Gebirgslandschaft des Monte Pollino (Seite 40)

 Morano Calabro
Atemberaubendes Panorama: Das malerische Bilderbuchstädtchen zieht sich vor der Bergkulisse des Pollinogebirges wie ein Labyrinth am Hang empor (Seite 43)

 Codex Purpureus
Die griechische Bibelhandschrift in silberner Tinte aus dem 6. Jh. kam aus dem Orient nach Rossano (Seite 44)

 Altstadt von Cosenza
Ins wohl schönste *centro storico* Kalabriens kehrt das Leben zurück (Seite 49)

 Taverna
Mattia Preti, der beste Barockmaler Kalabriens, hat seiner Heimatstadt in der Sila Piccola ein furioses Œuvre hinterlassen (Seite 59)

 Capo Colonna
Eine einsame Tempelsäule steht über dem Ionischen Meer bei Crotone (Seite 61)

> DIE BESTEN MARCO POLO HIGHLIGHTS

 Castello Aragonese
In Le Castella eine Burg im Meer
als Bollwerk gegen die Piraten,
davor ein prima Strand (Seite 62)

 Santa Maria dell'Isola
Die Wallfahrtskirche von Tropea liegt
wunderschön hoch über dem Meer mit
tollen Sandstränden (Seite 73)

 Capo Vaticano
Die Traumstrände zwischen Klippen
südlich von Tropea sind nur zu Fuß
oder mit dem Boot zu erreichen
(Seite 75)

 Duomo dell'Assunta
Antike Säulen stützen das byzantinisch-
normannische Gotteshaus von Gerace,
die größte Kirche Kalabriens (Seite 78)

 Lungomare Matteotti
Vom „schönsten Kilometer der Welt"
in Reggio über die Meerenge nach
Sizilien schauen und baden am Lido
Comunale (Seite 81)

 Bronzekrieger von Riace
Zwei nackte Bronzestatuen im
Archäologischen Museum von Reggio
verkörpern das griechische Schönheitsideal (Seite 81)

 Pentedattilo
Fünf Felsfinger überragen das viel
fotografierte Geisterdorf (Seite 84)

 La Cattolica
Das Juwel byzantinischer Baukunst
mit den viel fotografierten fünf Kuppeln
erhebt sich über Stilo (Seite 86)

4 | 5

WAS FÜR EINE REGION!

> Die sonnenverwöhnte Region an der Stiefelspitze erstreckt sich über ein Fünftel der gesamten italienischen Küste (780 km), und kein Ort ist mehr als 50 km vom Meer entfernt: ideale Voraussetzungen, um einen Strandurlaub mit (Wander-)Ausflügen ins wildromantische Landesinnere zu kombinieren. Der landschaftliche Reichtum findet seinen Niederschlag auch in variantenreicher *cucina di terra* und *cucina di mare*. Und ein Kulturland ist Kalabrien spätestens seit Landung der Griechen in der Antike, auf deren Spuren Sie hier immer wieder treffen werden. Zeitgenössische Kunst wiederum begegnet Ihnen in Cosenza auf Schritt und Tritt.

> „Kalabrien ist eine Insel" – auf den ersten Atlasblick erscheint dieser Satz paradox. Die südlichste Festlandsregion Italiens (15 000 km², gut 2 Mio. Ew.) gleicht mit ihren knapp 800 km langen Küsten jedoch tatsächlich in vielerlei Hinsicht einem Eiland. Kalabrien, durch das hohe Kalksteinmassiv des Pollinogebirges gegen Norden abgeschirmt, ist eine fremdartige, in sich geschlossene Welt. Jahrtausendelange griechische Besiedlung, sarazenische Piratenüberfälle und albanische Einwanderung haben eine ganz eigene Kultur mit fast balkanischem Einschlag geschaffen.

An den meist sandigen Küsten, die so blumige Namen wie Costa dei Gelsomini (Jasminküste) oder Costa Viola (Violette Küste) tragen, hat die Moderne Einzug gehalten, nicht immer zum Vorteil der Landschaft. Wer nach Kalabrien zum Baden reist, sollte sich seinen Küstenabschnitt gut aussuchen oder sich an planlos wuchernden Neubauten nicht stören. Ein Paradox ist die Ufereisenbahn aus dem 19. Jh., die groteskerweise gerade dadurch, dass sie das Land von seinem Meer trennt, heute weite Küstenstriche vor Zersiedelung schützt. Besonders charmant ist die reich gegliederte tyrrhenische Steilküste bei Tropea mit den spektakulären Buchten am Capo Vaticano. Nachts herrscht

> *Eine lebenswerte Kunstlandschaft mit Piazzaflair*

hier fast Caprifischeridylle, wenn die Laternen kleiner Fischerboote vor der Küste blinken. Schwertfischkutter mit 20 m hohen Ausguckmasten kreuzen vor dem romantischen Ha-

Nicht nur bei den Fischern von Scilla begehrt: Schwertfisch

fenstädtchen Scilla an der Costa Viola. Für ideale Wassersportbedingungen bis in den Spätherbst sind die Badeorte der regenärmeren und flacheren ionischen Küste bekannt. Und die roten Sandsteinküsten der Riserva Marina am Capo Rizzuto bei Crotone sind ein Paradies für Schnorchler.

Das „wahre" Kalabrien des Landesinneren präsentiert sich auf den ersten Blick spröde. Serpentinenstraßen voller Schlaglöcher winden sich entlang riesiger Fiumare – so heißen die sommertrockenen, in ihrem Unterlauf oft kilometerbreiten Schotterflussbetten – zu halb verlassenen Bergdörfern, in denen nur noch die Alten ausharren. Wie von einer Insel sind die Leute hier immer wieder ausgewandert, um Armut und Unterdrückung zu entgehen. Der kalabrische Autor Carmine Abate beschreibt eindringlich die Zerrissenheit seiner Landsleute zwischen alter und neuer Heimat, sei es Deutschland oder das industrialisierte Norditalien. Die Weltabgewandtheit der Daheimgebliebenen hat auch ihre Vorteile, bei den Hirtenfesten ist das Brauchtum noch nicht zur kommerziellen Folklore verkommen. Tarantellatänze in kostbaren Trachten, ergreifende Prozessionen, Seidenweber und Pfeifenschnitzer – in albanischsprachigen Orten wie Civita im Pollino oder den so genannten grekanischen, den griechisch geprägten Gemeinden des Aspromonte können Sie solche Entdeckungen machen.

Diese Landschaft mit ihrem Kontrast von *mare* und *montagna* ist die Bühne der kalabrischen Geschichte. Das

Meer bedeutete nicht nur Freiheit, sondern immer auch Ausgesetztsein und Gefahr. An den Küsten landeten Fremde als Eroberer und Kolonisten. Griechen drängten die Ureinwohner, die Bruttier, ins Landesinnere zurück; jahrhundertelang mieden die Menschen die Meeresnähe wegen Malaria und Piraten. Doch ist Kalabrien nicht nur von dieser defensiven

> **> Aktivurlauber sind hier in ihrem Element**

Rückzugsmentalität geprägt, immer wieder hat es auch mit kulturellen Höchstleistungen geglänzt: Der Auerochse in der Grotta del Romito gilt als eine der schönsten steinzeitlichen Felsritzungen Italiens, später blühte die hellenische Kultur: In Rhegion sang Ibykos, in Kroton lehrte Pythagoras, in Thurioi plante Hippodamos schnurgerade Straßen, und Herodot schrieb hier seine Geschichte. Die 1972 durch einen Zufall aus dem Meer gefischten Bronzemänner von Riace haben der Region eine Touristenattraktion ersten Ranges beschert.

Im Mittelalter war das byzantinische Süditalien fester Bestandteil des griechisch-orthodoxen Kosmos – der Purpurkodex von Rossano und die entzückende Kuppelkirche La Cattolica in Stilo faszinieren nicht nur Kunsthistoriker. Normannische Dome, Stauferburgen, spanische Hafenbastionen – gerade in den Kleinstädten wie Morano Calabro, Altomonte, Gerace, Tropea oder Pizzo offenbart sich Kalabrien als lebenswerte Kunstlandschaft mit typisch

WAS WAR WANN?

italienischem Piazzaflair. Dazu gesellen sich die drei „Hauptstädte" der Region: die administrative Kapitale Catanzaro mit ihren futuristischen Verkehrslösungen, die ehemalige Hauptstadt (bis 1970) Reggio mit dem berühmten Sizilienblick und die ehrwürdige Kulturmetropole Cosenza mit einer der faszinierendsten Altstädte Süditaliens.

Kalabrien will nicht studiert, sondern erlebt werden: Die kontrastreiche Landschaft, Volksbräuche und einsame Bergdörfer spielen die Schlüsselrolle. Auch Aktivurlauber sind hier in ihrem Element, ob Trekking im Pollino, Rafting in den imposanten Schluchten des Lao oder Birdwatching oberhalb der Straße von Messina. Zu ausgedehnten Wanderungen laden die pilzreichen Wälder in der Sila und im rauen Aspromonte ein. Diese südlichsten Ausläufer des Apennins stellen sich hier als Wolkenfänger dem Westwind entgegen und sorgen für ein überraschend grünes Kalabrien.

In ganz Italien ein Begriff ist die unverfälschte Landküche Kalabriens: die eingelegten Pilze, die pikante, luftgetrocknete Salami, der frische Hirtenkäse. Lassen Sie sich in den Bergen in einer der wunderbaren Familientrattorien mit hausgemachter Pasta und kräftigem Bauernwein bewirten. Oder machen Sie es den Einheimischen nach und flanieren mit einem erfrischenden Zitroneneis über die Strandpromenade!

Auch in Kalabrien ist die Gegenwart angekommen. In Catanzaro wurde nach mehr als 60 Jahren Theaterpause im Jahr 2002 das neue Opernhaus des Architekten Paolo Portoghesi eröffnet. Die Rotweine aus Cirò zählen mittlerweile zu den Topetiketten Italiens, Musikgruppen punkten international mit ihrem einheimischem Ethnosound, und engagierte Kooperativen entzücken mit unkon-

freundliche *agriturismo* sorgt für geschmackvolle, preisgünstige Quartiere auf dem Land. Mithilfe von EU-Subventionen werden alte Gutshöfe, Ölmühlen, Weingüter und Landvillen zu individuellen Herbergen ausgebaut. Hier finden nicht nur Familien schnell Anschluss, und in der Küche werden frische Produkte aus der ei-

Byzantinisch beeinflusst: die Majolikakuppel von Santa Maria Maddalena in Morano Calabro

ventionellen Urlaubsideen wie Eselwandern auf alten Brigantenpfaden.

> **Unkonventioneller Urlaub:
Eselwandern auf alten Pfaden**

Die drei kalabrischen Nationalparks entwickeln mit neuen Initiativen zunehmend touristische Anziehungskraft, und der aufblühende kinder-

genen Landwirtschaft verarbeitet. Schwimmbäder, Tennisplätze und Reitgelegenheiten gehören oft zum Angebot.

Keine Frage: Das janusköpfige Kalabrien ist auf dem Weg in einen modernen Tourismus, aber zugleich ist es unter allen Regionen Italiens noch immer die urwüchsigste, eine Region für Kenner und Entdecker.

▶▶ TREND GUIDE KALABRIEN

Die heißesten Entdeckungen und Hotspots! Unser Szene-Scout
zeigt Ihnen, was angesagt ist

Antonio di Mauro
lebt und arbeitet als Schauspieler in München.
Seine Wurzeln jedoch liegen in Kalabrien. Sooft
es geht, jettet er in seine zweite Heimat, trifft
Freunde und Verwandte, genießt dort die frische,
schnörkellose Küche, ist viel in der Kulturszene
und im Nachtleben unterwegs. Und natürlich: an
den schönen Stränden der Stiefelspitze. Für ihn
sind die Aufenthalte in Kalabrien eine Quelle der
Inspiration. www.antoniodimauro.de

▶▶ DIE CANYONS VON COSENZA

Neue Trendsportarten
sorgen für Adrenalin

Schneller, wilder und gefährlicher
– der Trend der Stunde geht zu
Abenteuern in der freien Natur.
Total angesagt ist Canyoning. Zwischen Castiglione und Papasidero
seilt man sich in Schluchten und
Gumpen ab, rutscht, schwimmt
und klettert durch Canyons und an
Wasserfällen entlang – hier be-
kommt jeder seine Extraportion
Adrenalin. Ebenso wild geht es
beim Rafting zur Sache, im Parco

Nazionale del Pollino führt die Route durch reißende Wasserfälle und Strudel, vorbei an der
Grotta del Romito. Die Herausforderung dabei: nicht ins Wasser fallen! Der letzte Schrei in
Sachen Wassersport extrem ist Hydrospeed (Foto). Der Action-Sport findet immer mehr Anhänger. Wie es geht? Mit Schwimmweste und Helm treibt man auf einem Luftkissen, mit
den Füßen im Wasser, wilde Flüsse und Bäche entlang. Man kann gar nicht anders als sich
von den Wellen von Campicello nach Papasidero mitreißen lassen! Buchbar über Anbieter
wie *Rafting Yahoooooo (Via Marconi, 11, Scalea, www.raftingcalabria.it)*.

SZENE

▶▶ GO NATURE

Leben wie die Locals

Wer braucht schon Luxushotels? Urlaub im Einklang mit der Natur ist in bei gestressten Stadtkindern. Ein echter Geheimtipp ist die *Azienda Agrituristica Le Puzelle.* Hier werden nach einem Ausritt Schafskäse mit Birnen und hausgemachter Mandelkuchen im umgebauten Heuboden serviert (*Località Puzelle, SS 107, Santa Severina, www.lepuzelle.it,* Foto). Wer Entspannung sucht, ist im *Agriturismo Ninea* richtig. In dem Anwesen hoch über der Westküste nimmt man erst mal ein Bad im Panoramapool, ehe man von den Inhabern lernt, wie man original kalabrische Pasta macht (*Località Masa, San Nicolò di Ricadi, www.agriturismoninea.com*). In der *Villa Caristo* darf man bei der Mandel-, Oliven- und Traubenernte zupacken und sich danach in einer alten Ölmühle in die Betten fallen lassen (*bei Riace Marina, www.farmhousecalabria.com*).

▶▶ IL REGGAE CALABRESE

Italo-Sounds geben den Ton an

Absolut angesagt in Sachen Musik ist Italo-Hip-Hop. Egal ob in Anlehnung an den englischen Mainstream oder ob innovativer Rap in der eigenen Landessprache – der rhythmische Sound, die kreativen Freestyles und der lässige Style der Bands sind angesagt. Star der jungen Szene ist Rapper *Turi* aus Kalabrien, der bereits in ganz Italien tourt (*www.funkyturi.com/it*). Nicht nur italienischer Hip-Hop ist im Kommen, auch Reggae Calabrese ist in. Die Band *Scarma* findet immer mehr Anhänger, ihr Mix aus bekannten Rhythmen und neuen Ideen trifft genau den Nerv der Zeit (*www.scarma.com*). Höhepunkt des Reggaejahres ist das Festival *Babylon by Bus* in Acquaformosa (*www.maroons.it*).

▶▶ BEACHCLUBS

Partypeople zieht es an die Küsten

Die Szene feiert rund um Praia a Mare, wo immer mehr Beachbars eröffnen. Nach Sonnenuntergang wird in den Daylight-Locations zu DJ-Sounds bis in die frühen Morgenstunden getanzt. Wie in der stylishen *Asteria Discoteca Piano Bar (Contrada Fiuzzi 27)*. Dresscode: schick! Weitere Hotspots sind die *Discoteca Spinelli* und das *Vecchia Fattoria (beide am Belvedere Marittimo, www.vecchiafattoria.it)*. Die Locations sind wegen bester Stimmung und treibenden Beats extrem beliebt. Weiter südlich ist Tropeas Strandlocation *Lido Charly* der Place to be: Tagsüber Badestrand mit feinem Sand, Liegen, Sonnenschirmen, kühlen Drinks und Lounge-Musik, verwandelt sich der *Lido Charly* abends mit coolen Lichteffekten und schnellen Beats zum Beachclub *(Lungomare di Tropea)*.

▶▶ TRENDTOWN

Tropea entwickelt sich zum Hotspot für moderne Kunst und Kultur

Film, Literatur, Tanz – Tropeas kreative Szene entwickelt sich enorm. Viele junge Festivals zeugen von der Entwicklung zur Trendstadt. Das *Calabria Artedanza International Dance Meeting (www.calabriarte.com)* ist in Sachen moderner Tanz weltweit ein Begriff. Schüler aus aller Welt können ihren Stil bei den renommiertesten Lehrern weiterentwickeln oder sich die besten Tricks bei den Profis abschauen. Zum Abschluss gibts ein großes Fest mit vielen Aufführungen. Ebenfalls einen Besuch wert ist das *Tropea Film Festival*. Einheimische Regisseure zeigen ihre neuesten Werke, überall in der Stadt gibt es Diskussionen über die Zukunft des italienischen Kinos, und der Eintritt ist frei. Höhepunkt: Die Preisverleihung für den besten Film am Ende des Festivals *(www.tropeafilmfestival.it)*. Etwa zur gleichen Zeit wird auch der *Premio Città di Tropea* verliehen. Ein nationaler Literaturpreis, der die besten Schriftsteller des Landes ehrt *(www.premioletterariotropea.org)*.

>> BIKETOUREN

Etappenweise durch Kalabrien

Extrem-Radler entdecken Kalabrien. Auf kleinstem Raum gibt es hier sowohl flache Etappen als auch alpine Herausforderung, dazu das gute Klima und die Landschaft. Veranstalter wie *Sprachcaffe (www.sprachcaffe-kalabrien.com)* oder *Bike Tours & Adventure Incentives (www.bitou.de)* bieten Touren an. Auch der *Giro d'Italia*, das zweitwichtigste Etappenrennen der Welt, startet 2008 in Sizilien und führt durch Reggio di Calabria und Tropea.

>> SPELÄOLOGIE

Kalabriens Untergrund im Fokus

Mit Helm, Taschenlampe, Seil und einem Guide geht es in verborgene Tiefen! Die Höhlenforschung boomt – kein Wunder bei Hunderten von Grotten, wie etwa rund um Crotone *(www.provincia.crotone.it)*. Was es in den Felsen zu entdecken gibt? Unberührte Welten mit kristallklaren Seen. Für viele Cracks ist das eines der letzten Abenteuer dieser Welt! Seit 2007 will die *Associazione Explora* den noch aufkeimenden Trend weiter bekannt machen. Infos und Guides finden sich im Internet unter *www.enzodeimedici.it* und *www.openspeleo.org*. Selber Lust bekommen? Der Anbieter *Rafting Explorer Lao* führt Anfänger in die Unterwelt *(Contrada Molina 29, Orsomarso, www.raftingexplorerlao.it)*.

>> FUNKY JAZZ

Der Sound der Stiefelspitze

Sax und Co. sind nicht mehr aufzuhalten. Jeden Sommer steigen Top-Events wie das *Peperoncino Jazz Festival (www.peperoncinojazzfestival.com,* Foto*)* oder das *Roccella Jazz Festival*, auf denen auch Größen wie Ornette Coleman auftreten *(www.roccellajazz.net)*. Nach der Festivalsaison geht es auf kleinen Bühnen weiter. Angesagt: der *Club Il Casale (Comune di Malaspina, Lamezia Terme)* und das *B Side Pub* in Rende *(Via Fratelli Bandiera 98, www.bsidepub.it)*. Auch am *Blue Dahlia Beach* bei Locri dürfen Newcomer zeigen, was sie draufhaben *(Lungomare Cristoforo Colombo, Marina di Gioiosa Jonica, www.bluedahlia.splinder.com)*.

> ## VON ARBËRESHE BIS ZEDRATZITRONE

Notizen zur Räuberromantik, zum Heulen der Wölfe und zum „Viagra der Armen"

ARBËRESHE

Çifti, Firmoza und *Shën Miter* steht auf den zweisprachigen Ortsschildern von Civita, Acquaformosa und San Demetrio Corone. Mehr als 41 000 Kalabresen zählen sich zur albanischen Volksgruppe, Nachfahren jener christlichen Skipetaren, die im 15. Jh. vor der türkischen Okkupation nach Italien flohen. Das Siedlungsgebiet der *Arbëreshe* genannten Italoalbaner konzentriert sich auf den Pollino und die Sila Greca *(www.arbitalia.net)*. Die Menschen sprechen und schreiben außer Italienisch nach wie vor ihren Dialekt, der sich deutlich vom modernen Albanisch unterscheidet. Als Wappentier dient der byzantinische Adler, und in ihren ikonengeschmückten Kirchen, die formal dem Papst unterstehen, ist der Geist der Ostkirche lebendig geblieben. Farbenprächtig sind die Volkstänze

STICH WORTE

(vallje) zur Osterzeit. Ihre Identität haben die *Arbëreshe* auch in ihrer raffinierten Küche bewahrt.

BERGAMOTTE

Eau de Cologne ist eine kalabrische Erfindung! Sein wichtigster Duftstoff ist das Öl, das aus der unreifen Schale der Bergamotte gewonnen wird. Es findet sich als Grundsubstanz in fast allen feineren Duftwässern, weil es die Eigenschaft besitzt, schwache Düfte zu heben und starke zu harmonisieren. Diese seltene und kostbare Zitrusfrucht gedeiht ausschließlich an einem schmalen Küstenstreifen im äußersten Süden der Apenninhalbinsel in der Provinz Reggio di Calabria. Fast die gesamte Ernte wird zu Essenz verarbeitet, die auch in zahlreichen Geschäften in Kalabrien für wenig Geld zu kaufen ist. Mixen Sie sich doch damit einmal Ihr eigenes Parfum – wie es bereits im 18. Jh. Giovanni Paolo Feminis und sein Nachfahre Johann Maria Farina taten, die Gründer von 4711 in Köln.

BRIGANTEN

Kalabrien steckt voller Räubergeschichten. Die Briganten des 18. und

einigung nach 1860. Erbittert kämpfen Zehntausende für die Freiheit des Südens und gegen die Arroganz der neuen Herrscher aus dem Piemont, die mit brutalen militärischen Strafaktionen auch gegen die Zivilbevölkerung vorgehen. In unseren Tagen erleben Balladen, die berühmte Banditen wie Giuseppe Musolino, den „König des Aspromonte", besingen,

Die Kathedrale von Gerace ist ein großartiges Zeugnis byzantinischer Kultur

19. Jhs. gelten landläufig nicht als Verbrecher, sondern werden als romantische Volkshelden verehrt. Unter dem schwarzen Mantel des Banditen konnte sich vielerlei verbergen: Freiheitsliebe, Habgier, Abenteuerlust oder schlicht die Verzweiflung der hungernden Landbevölkerung. Blütezeit und zugleich beginnender Niedergang des Brigantentums ist die Epoche der italienischen Reichs-

ein Revival, das typisch für das neue Selbstbewusstsein des lange gedemütigten Südens ist.

BYZANTINER

Noch bis Ende des 15. Jhs. wurde in vielen Kirchen Kalabriens der Gottesdienst nach orthodoxem Ritus gefeiert. Jahrhundertelang war Kalabrien fest im griechischen Sprach-

> *www.marcopolo.de/kalabrien*

und Kulturraum verwurzelt. Nach der antiken Blütezeit der Magna Graecia und dem Zusammenbruch des Weströmischen Reiches erfolgte eine zweite Hellenisierung ab 535 durch die Byzantiner. Die oströmische Provinz Kalabria unterstand Konstantinopel. Im Mittelalter wurde Kalabrien zu einem wichtigen Zentrum der griechisch-orthodoxen Mönchsbewegung. Auch nach der normannischen Eroberung im 11. Jh. blieb die griechische Kultur lebendig und wurde später ein Impulsgeber der Florentiner Renaissance. Zu den wichtigsten baulichen Zeugnissen dieser großen Vergangenheit zählen die Cattolica in Stilo, zahlreiche Kirchen in und um Rossano und die Kathedrale von Gerace, das größte Gotteshaus Kalabriens.

CAMPANELLA, TOMMASO

Tommaso Campanella kam 1568 bei Stilo als Sohn eines Flickschusters zur Welt. Der streitbare Dominikanermönch organisierte 1599 eine erfolglose Verschwörung gegen die spanische Adelsherrschaft und verbündete sich dafür sogar mit den Türken. Seiner Hinrichtung entging er nur dadurch, dass er sich verrückt stellte. Insgesamt verbrachte er 27 Jahre seines Lebens in den Kerkern der Inquisition, wo er auch sein Hauptwerk „La Città del Sole" (Der Sonnenstaat) verfasste. Darin entwirft er einen philosophischen Idealstaat ohne Privateigentum, in dem die Bürger täglich nur vier Stunden arbeiten und sich der freien Entfal-

tung ihrer Fähigkeiten widmen. Mit dieser Utopie wurde er zu einem der geistigen Väter des Kommunismus. Campanella starb 1639 als Hofastrologe von Ludwig XIV. in Paris. Ihm ist in Cosenza ein Parco letterario gewidmet worden, der dazu einlädt, u. a. durch Lesungen und Ausstellungen sein Werk zu entdecken *(www.parchiletterari.com/campanella)*.

EMIGRATION

Mehr als die Hälfte der Kalabresen lebt im Ausland. Im 19. Jh. und in der Nachkriegszeit nach 1945 emigrierten Millionen in die USA, nach Argentinien, Australien, England, Deutschland oder in die Schweiz. Die Auswanderung hält noch immer an, nur zieht es heute viele eher nach Rom oder Mailand. Das karge und manchmal gewalttätige Land hat seine Kinder oft stiefmütterlich behandelt. Armut, Arbeitslosigkeit, kriminelle Schikanen, aber auch die triste Provinzialität führen dazu, dass viele im eigenen Land keine Perspektive sehen. Erfreulicherweise gibt es immer mehr junge Leute, die sich eine Alternative zur Auswanderung aufbauen und mit viel Engagement vor allem touristische Projekte entwickeln.

'NDRANGHETA

Die berühmt-berüchtigte Schwester der sizilianischen Mafia und neapolitanischen Camorra umfasst nach Schätzungen in der ganzen Region 5000 Mitglieder, die in mehr als 150, sich teilweise bekriegenden Banden organisiert sind. Längst ist die 'ndrangheta aus ihrer Provinzialität erwacht, kontrolliert die Prostitution und mischt im nationalen Baugewerbe und internationalen Rauschgifthandel mit. Aus ihrem früheren Stammgeschäft, der Entführung reicher Industrieller, hat sie sich inzwischen vollständig zurückgezogen. Auch für Touristen stellt sie keine Gefahr dar: Die mafiose Organisation hat anderes zu tun, als Touristen zu behelligen, munkelt man doch, dass sie selbst in große Hotelanlagen investiert und deswegen am Gedeihen dieses einträglichen Gewerbes interessiert ist.

So nah auf den Pelz rücken Sie den Wölfen nur im Besucherzentrum der Sila

PEPERONCINO

Die scharfen Schoten (botanisch handelt es sich um Beeren!) des südamerikanischen Nachtschattengewächses der Gattung Capsicum sind aus der *cucina calabrese* nicht fortzudenken. In Diamante gibt es sogar eine Accademia del Peperoncino *(www.pepe roncino.org),* die sich dem praktischen Studium der vielfältigen Einsatzmöglichkeiten des *peperoncino* (Achtung, den Gemüsepaprika nennen die Italiener *peperoni!*), auch als Chili bekannt, verschrieben hat. Von pfiffigen Gemüsehändlern als *viagra dei poveri* (Viagra der Armen) angeboten, erinnert der *peperoncino* schon durch seine Form an das feuerrote Potenzsymbol süditalienischer Machos, den gerne als Halskette getragenen Korallenzahn.

PYTHAGORAS

Pythagoras aus Samos verlegte um 532 v. Chr. seine berühmte Philosophenschule nach Kroton (Crotone). Katharsis (Reinheit) und Askese, aber auch die Harmonie der Musik und der Mathematik ($a^2+b^2=c^2$) standen im Mittelpunkt seiner Lehre. Er etablierte sich als Führer eines ashramähnlichen Asketenzirkels aristokratischer Männerbünde. Seinen Worten wurde ähnliche Autorität zugemessen wie später der Bibel, dem Koran oder den Schriften Bhagwans. 510 v. Chr. hatten die Krotoniaten genug von seinem puritanischen Regiment. Pythagoras wurde nach Metapont (Basilikata) vertrieben, wo er um 496 v. Chr. starb. Seine Schule bestand noch Jahrhunderte fort.

Versace-Boutique in Reggio: Der legendäre Modedesigner ist ein Sohn der Stadt

WÖLFE

„Sono cattivo solo nelle favole", sagt der *lupo* auf einer Tafel im Parco Nazionale della Sila vor dem Besucherzentrum am Lago di Cecita: „Ich bin nur im Märchen böse." Dieser nicht nur an Kinder gerichtete Satz soll mit Ängsten aufräumen, die beinahe zur Ausrottung des Apenninenwolfs führten. Die Population des scheuen Räubers wird in Süditalien heute auf wenige Hundert Exemplare geschätzt. In freier Wildbahn sind Wölfe nur selten zu beobachten, doch in der Nacht kann man ihr Heulen hören. In den ausgedehnten Bergwäldern Innerkalabriens finden sie ihr letztes Refugium. Jedes Jahr entschädigt die Regierung Bauern für ihr angeblich von Wölfen gerissenes Vieh – dabei trifft die Schuld jedoch meist streunende Hunde.

VERSACE, GIANNI

Gianni Versace, 1988 zum innovativsten und kreativsten Designer weltweit erklärt, wurde 1946 in Reggio di Calabria geboren und erlernte hier das Geschäft mit der Schere im Schneidersalon seiner Mutter. Mit seiner ersten Mailänder Kollektion (1978) und dem legendären Metallkettenkleid (1983) startete er zur ganz großen Karriere durch. Stars der Mailänder Scala singen in Kostümen von Versace. Madonna, Bon Jovi und Courtney Love hüllen sich in seine lasziven Leder- und Nietenkreationen. Nach seinem gewaltsamen Tod 1997 in Florida leitet seine Schwester Donatella die Kreativabteilung der Versace-Group.

ZEDRATZITRONE

Der nördlichste Küstenabschnitt Kalabriens am Tyrrhenischen Meer heißt Costa dei Cedri. Doch der Name bezieht sich nicht auf Zedern, sondern auf die Zedrat- oder Zitronatzitronen, die hier seit der Spätantike heimisch sind. Ihre kandierten Schalen sind nicht nur unverzichtbare Zutat des deutschen Weihnachtsstollens; heute noch reisen jeden Sommer Rabbiner nach Santa Maria del Cedro an die „Zedernküste", um die kostbaren Früchte für das jüdische Laubhüttenfest zu pflücken – die Religion schreibt für den ersten Tag des jüdischen Erntedankfests neben Palmwedeln nämlich die *cedri* vor.

PASSION UND TARANTELLA

In Kalabrien feiert das Volk seine Heiligen und sich selbst

> Auf den Patronatsfesten liegen Ausgelassenheit und religiöse Inbrunst nah beieinander, und fast immer gehört ein großer Markt dazu. Charakteristisch sind Bootsprozessionen entlang der Küste. In fast jedem Dorf gibt es eine *sagra,* ein Erntedankfest, bei dem ein lokaltypisches Produkt im Mittelpunkt steht. Besucher sind willkommen und werden spontan zum Essen und Trinken eingeladen. Klänge aus einer fremden Welt sind auf den Folklorefesten der albanischen und griechischen Minderheiten zu hören. In einigen Bergorten haben sich viel beachtete Ethnomusikfestivals etabliert. Einen guten Ruf haben auch die Jazzfestivals von Diamante, Roccella Ionica und Crotone.

▓ FEIERTAGE

1. Jan. *(Capodanno);* **6. Jan.** *(Epifania);* **Ostermontag** *(Pasquetta);* **25. April** (*La Resistenza);* **1. Mai** *(Festa del Lavoro);* **2. Juni** *(Festa della Repubblica);* **15. Aug.** *(Ferragosto);* **1. Nov.** *(Ognissanti);* **8. Dez.** *(L'Immacolata);* **25. Dez.** *(Natale);* **26. Dez.** *(Santo Stefano)*

▓ FESTE UND VERANSTALTUNGEN

Februar/März
Carnevale del Pollino: Castrovillari steht Kopf während der bunten Karrenumzüge.

März/April
San Giuseppe Rock in Cosenza lockt Ende März mit Gratiskonzerten.

★ Die *settimana santa* (Karwoche) wird überall mit ergreifenden Prozessionen gefeiert. Fast die gesamte Bevölkerung von Laino Borgo nimmt alle paar Jahre (unregelmäßiger Turnus) am Karfreitag am Passionsspiel *Giudaica* teil. In der dramatischen *Karfreitagsprozession* von Nocera Terinese bei Lamezia Terme geißeln sich die Gläubigen mit glassplittergespickten Korken.

★ *Vallje:* Am Dienstag nach Ostern strömen Albaner aus ganz Süditalien nach Civita. In Erinnerung an einen Sieg über die Türken wird seit 1467 alljährlich ein Freudenfest gefeiert. In kostbaren Kostümen tanzen Männer und Frauen auf der Piazza Reigen.

> EVENTS
FESTE & MEHR

Mai

Festa della Bandiera: Am 20. wird in Morano Calabro der Stadtpatron San Bernardino gefeiert. Dem geht ein mittelalterliches Spektakel mit Umzügen voraus, das an einen Sieg über die Mauren erinnert.

Juli

Sagra del Pesce Spada: Das Ende der Schwertfischjagd wird in Bagnara Calabra Anfang Juli mit einem großen öffentlichen Schmaus begangen.

Madonna del Carmine: In vielen Orten Kalabriens wird am 16. Juli die Schutzpatronin der Emigranten verehrt.

Festival delle Invasioni: Ende Juli öffnet sich Cosenza Rhythmen aus aller Welt. *www.invasioni.org*

Ende Juli/Anfang August

Festival Mediterraneo dei Due Mari: Theater und Konzerte im modernen Freilufttheater von Altomonte *Peperoncino Jazz Festival:* lokale und internationale Größen in den schönsten

Orten der Provinz Cosenza *(www.pepe roncinofestival.com).*

August

Palearizza: Den ganzen Monat stehen die Bergdörfer des Aspromonte unter dem Motto „Musik der Welt im griechischen Kalabrien".

Rumori Mediterranei (www.roccellajazz. net): Ende August jammen internationale Jazzgrößen in Roccella Ionica am Strand.

⭐ *Varia:* Am letzten Augustsonntag ziehen in Palmi 200 Gläubige zu Ehren der Jungfrau Maria ein Wolkengebirge aus Pappmaché durch die Straßen. Leider findet das Fest nur alle paar Jahre (unregelmäßiger Turnus) statt.

Umsonst & draußen: Jeden August organisiert die Kulturinitiative Altrosud *(www. altrosud.it)* das hochkarätig besetzte ▶▶ Ethnomusikfestival *Sila In Festa.*

September

Festival del Peperoncino (www.peperon cino.org): scharfes Kultur- und Kulinarikfestival Anfang September in Diamante.

> SCHARFE KOST AUS MEER UND GEBIRGE

Peperoncini und Zwiebelmarmelade, Thunfischeier und Zitroneneis: Kalabriens Küche steckt voll starker Aromen

> **Für die Italiener heißt** *alla calabrese* **schlichtweg scharf. Seit ihn die Spanier im 16. Jh. aus Amerika importiert haben, ist der** *peperoncino* **Protagonist der kalabrischen Küche. Zum Trocknen aufgehängt, schmücken feuerrote Bündel die Fassaden. Olivenöl wird mit dem Chili aromatisiert, er würzt Salami und Pasta und verleiht der Wurst** *'nduja* **ihr explosives Aroma.**

Tatsächlich ist die kalabrische Küche weit raffinierter als ihr scharfer Ruf. Kalabrien ist ein Gebirgsland mitten im Meer. Das prägt die Vielfalt der Gerichte. Den Grundton geben die naturbelassenen Produkte einer jahrtausendealten Hirten-, Bauern- und Fischerkultur an. Albanische, byzantinische, spanische, ja orientalische Rezepte treffen sich zu einem spannenden mediterranen Mix. In der waldreichsten Region Süditaliens bereichern auch *funghi* (Pilze) und *cinghiali* (Wildschweine) den Speisezettel.

> *www.marcopolo.de/kalabrien*

ESSEN & TRINKEN

Bodenständige Trattorien im Landesinneren haben meist keine Karte – stattdessen vertrauen alle den Empfehlungen der *mamma.* Der Auftakt bilden lokale Käsesorten und luftgetrocknete Salami, dazu selbst in Olivenöl eingelegte Gemüse und Pilze, die *sott'oli,* sowie marinierte Oliven und Holzofenbrot. Seit der Antike liebt man Hülsenfrüchte wie Saubohnen oder Kichererbsen, die nicht nur zu Suppen und Pürees verarbeitet,

sondern auch zu hausgemachten Nudeln gegessen werden. Pastasaucen werden gerne aus Lammfleisch mit Tomaten geköchelt. Eigentlich macht so ein *primo piatto,* ein erster (Nudel-)Gang, ja schon satt, wären da nicht die verführerischen *secondi,* die Hauptgerichte, die fast immer ohne *contorni* (Beilagen) serviert werden, wenn Sie sie nicht separat dazubestellen. Besonders gut schmecken Lamm und Zicklein. Sie werden als

Festtagsbraten im Backofen gegart oder stundenlang im Tontopf geschmort. Kein Wunder, dass nach solch üppigen Schlemmereien meist nur frisches Obst gereicht wird.

Szenenwechsel ans Meer: Das feine Terrassenristorante stimmt seine Gäste mit einem verschwenderischen *antipasto di mare* ein: Salat von Tintenfischen mit Stangensellerie, geräucherter Thunfischbauch, frittierte Garnelen, *bruschetta* (Röstbrot), die mit dem „Kaviar des Südens" bestrichen ist, einer Paste aus Babysardellen. Anschließend landen große Pastaschüsseln auf dem Tisch, aus denen sich die Gäste selbst bedienen. Haben Sie z. B. schon einmal Spaghetti mit Schwertfisch und Minze oder mit Thunfischrogen und *mollica* (Bröseln) gegessen? Natürlich werden die Muscheln auf den Nudeln mitsamt ihren Schalen serviert! Zum leichten Hauptgang präsentiert der

> SPEZIALITÄTEN
Genießen Sie die typisch kalabrische Küche!

agnello alla brace – gegrilltes Lamm

alici marinate – marinierte Sardellen

asparagi selvatici – wilder Spargel

baccalà – gesalzener und luftgetrockneter Klippfisch (Kabeljau)

bottarga di tonno – getrockneter, gesalzener Thunfischrogen

caciocavallo – birnenförmiger Kuhmilchkäse, der über eine Stange gehängt an der Luft reift

capretto al forno – im Ofen gebackenes Zicklein

cardi – Stängel wilder Disteln

cipolle di Tropea – süße, rote Zwiebeln

fichi al forno – im Ofen gedörrte Feigen

finocchio selvatico – wilder Fenchel

fior di latte – Kuhmilchmozzarella (Foto)

latte di mandorla – Mandelmilch: Marzipan wird mit Wasser verrührt

liquore di cedro – grüner Likör mit dem Aroma der Zedratzitronen

millecosedde – Gemüsesuppe aus „tausenderlei Sächelchen"

morseddu – geschmorte Innereien im Ringbrot *pitta*

'nduja – höllenscharfe Wurst aus Schweinemett und *peperoncini*

soppressata – zwischen Holzbrettern flach gedrückte Salami

stoccafisso – luftgetrockneter Stockfisch (Kabeljau)

spremuta d'arancia/di limone – frisch gepresster Orangen-/Zitronensaft

Padrone frische Fische zur Auswahl – der Tagesfang bestimmt das Angebot. Ein seltener Genuss sind Langusten oder der delikate Thunfisch, der scharf gegrillt und mit Olivenöl, Zitronensaft und Kräutern abgeschmeckt wird. Für eine schlichte *frittura di paranza* werden verschiedene Kleinfische in Öl ausgebacken.

Fast überall werden anständige, kräftige Bauernweine ausgeschenkt. Oft spielt der traditionell gekelterte Weiße ins Bernsteinfarbene; aus den Rosinen der Greco-bianco-Traube wird ein kostbarer Dessertwein gepresst. Leichte Weißweine liefert das nahe Sizilien. Jahrzehntelang waren die körperreichen Roten von Cirò, dem größten der zwölf kalabrischen DOC-Anbaugebiete, als einzige über die Region hinaus präsent. Kellereien wie Librandi und die Fattoria San Francesco liefern auch bouquetreiche Rosés. Aufmerksamkeit verdienen außerdem die Cantine Lento und Statti aus Lamezia Terme und Odoardi aus Nocera Terinese. Als uralter und neuer Trend ist der biologische Weinbau auf dem Vormarsch.

Einfache Trattorien im Landesinneren stellen ungefragt einen Krug frisches Quellwasser auf den Tisch. Das Mineralwasser Mangiatorella kommt aus der Serre. Gutes Wasser ist entscheidend für einen guten *caffè,* den Espresso, den die Einheimischen auch nach einem Essen im Restaurant am liebsten im Stehen an der Bar trinken. Probieren Sie nach dem Essen auch einmal den oft hausgemachten Zitrusschnaps!

In ganz Italien berühmt sind die *gelaterie,* die Eisdielen der Provinz Reggio. Eine Eisspezialität, die man

Ein Teller Pasta und eine Karaffe Wein: Die einfachen Genüsse sind oft die besten

im Sommer auch zum Frühstück löffelt, ist *granita.* Dieses erfrischende Sorbet aus zerstoßenen Eiskristallen gibt es in so ausgefallenen Geschmacksrichtungen wie Maulbeere, Bergamotte oder Mandeln. Letztere bilden auch die Grundlage vieler traditioneller Gebäcksorten.

Ein abschließendes Wort zu Preisen und Tischsitten: Frischer Fisch ist teurer als Fleisch und steht kaum unter 45 Euro pro Kilo auf der Karte, während Sie in einer Familientrattoria im Landesinneren bereits für unter 15 Euro aufs Beste satt werden. Nach dem Bezahlen erhalten Sie das Wechselgeld auf einem Teller zurück. Lassen Sie mindestens zehn Prozent als *mancia* (Trinkgeld) für den *cameriere* (Kellner) liegen! Das *pranzo* wird kaum vor 13, die *cena* nie vor 20 Uhr serviert. Da das späte Abendessen meist üppig ausfällt, sind Kalabresen beim Frühstück mit einer Tasse *caffè* oder Cappuccino und allenfalls einem *cornetto,* einem Croissant, zufrieden.

SEIDE, DÜFTE UND WÜRSTE

Kalabrisches Kunsthandwerk:
Luxusprodukte aus einem kargen Land

> Das vergleichsweise arme Kalabrien überrascht mit einer großen Vielfalt an kunsthandwerklichen oder kulinarischen Souvenirs und Mitbringseln.

■ DUFT ■

Wahre Schnäppchen sind kalabrische Duftwässer, gedeiht doch die Bergamotte, Grundlage jedes echten Eau de Cologne, am Fuß des Aspromonte. Originalessenzen gibt es für wenige Euro in den Duftläden am Corso von Reggio di Calabria. Aber Achtung: das Öl nie unverdünnt auf die Haut auftragen und anschließend in die Sonne gehen! Verbrennungen sind sonst die Folge.

■ HANDGESCHNITZTE PFEIFEN ■

Das ausgefallenste Geschenk aus Kalabrien sind handgeschnitzte Pfeifen aus Bruyère, dem feuerfesten Wurzelholz der Erika vom Aspromonte. Der Haken an der Sache: Sonderanfertigungen dauern ein paar Wochen. Aber versuchen Sie Ihr Glück, und verbinden Sie den lohnenden Autoausflug in die Serre mit einem Abstecher nach Brognaturo. Hier setzt *Vincenzo Grenci (Viale Dante Alighieri 22)* die Arbeit seines Vaters fort, der bereits den ehemaligen italienischen Staatspräsidenten Sandro Pertini zu seinen Kunden zählte. Spitzenpfeifen fertigt auch *Fabrizio Romeo (Via San Giuseppe 87)* in Reggio di Calabria. Für ein gutes Stück muss man an die 400 Euro investieren. Die besten Pfeifenmacher sind auf Jahre ausgebucht.

■ KERAMIK ■

Während in Tropea den Touristen oft sizilianische Massenware angeboten wird, töpfern im Landesinneren Handwerker noch nach alter Tradition. *Paolo Condurso* in Seminara fertigt *spaventose*, furchterregende Masken, die das Böse abwehren sollen, und *babbaluti*, skurrile Vasen in Menschengestalt. In Squillace brennt *Antonio Commodaro* seine irdene Ware in einem Holzofen aus dem 17. Jh.!

> EINKAUFEN

■ KULINARISCHES ■

Lassen Sie in Ihrem Reisegepäck auch noch etwas Platz für kulinarische Mitbringsel. Mit einer *'nduja*, der höllenscharfen *peperoncino*-Mettwurst vom Monte Poro, begleitet Sie das Feuer Kalabriens noch monatelang. In vielen Geschäften erhalten Sie die Würste bereits vakuumverpackt fertig zum Transport. Bei einer Fahrt durch die Sila Grande kann man sich an Straßenständen oder in den Geschäften von Camigliatello Silano mit getrockneten Steinpilzen, geräuchertem Käse und luftgereiften Salamis eindecken. Ein letzter, klitzekleiner Gruß aus Kalabrien: Die beste Lakritze der Welt verpackt *Amarelli* aus Rossano in hübsche, nostalgische Blechdöschen.

■ MUSIK ■

Ein klangliches Souvenir sind CDs und Kassetten mit kalabrischer Volksmusik, wie sie auf Marktständen und Festen verkauft werden. Fragen Sie nach dem Liedermacher Otello Profazio („Storie e Leggende del Sud")!

■ SCHMUCK ■

Die Familie des Papstlieferanten *Giovanni Battista Spadafora* fertigt seit 1700 in San Giovanni in Fiore perlenbesetzte Pretiosen in normannisch-arabischer Tradition. Filmdiven gönnen sich gerne die von antiken Goldschmiedearbeiten inspirierten Schmuckstücke des Juweliers *Gerardo Sacco* aus Crotone.

■ SEIDE ■

Im Mittelalter brachten Byzantiner die Kunst der Seidenherstellung ins Land. Immer noch weben die Frauen von Longobucco in der Sila Greca die alten Muster mit der Hand. Besuchen Sie hier den Stammsitz der Familie *Celestino (Via Monaci 14),* oder gehen Sie in San Giovanni in Fiore bei Domenico Caruso in die „Stoffschule" *Scuola Tappeti Caruso (Via Gramsci 195).* Bischöfe und Mailänder Couturiers schätzen die edlen Stoffe. In Gerace webt die Frauenkooperative *Aracne (Via Roma)* feinste Tisch- und Betttücher aus Leinen.

> **„Riviera dei Cedri", Küste der Zedratzitronen, hat die Tourismuswerbung den Nordwesten Kalabriens mit seiner Vielzahl etablierter Badeorte getauft.**

Trotz vieler Bausünden der Siebziger- und Achtzigerjahre haben sich die meisten Städtchen oberhalb der stark befahrenen Uferstraße SS 18 charmante historische Altstadtkerne bewahrt. Mit Linienbussen oder dem eigenen Auto schnell zu erreichen sind die Naturparadiese der nahen Monti di Orsomarso und der wilden Flusslandschaften des Lao und Argentino.

DIAMANTE-CIRELLA

[116 B5] ★ **Der Zwillingsort (5500 Ew.) besteht aus dem größeren Diamante und dem etwa 5 km nördlich gelegen Cirella.** Die von herrlichen Stränden begleite-

Bild: Strand in Diamante-Cirella

RIVIERA DEI CEDRI

ten Küstenstädtchen bilden eine Oase an der ansonsten unsensibel verbauten Costa dei Cedri. Die Uferpromenade von Diamante säumen Eisdielen, in denen die erfrischende grüne *granita di cedro,* die lokale Sorbetspezialität, angeboten wird.

■ SEHENSWERTES ■

MURALES

Als Hauptsehenswürdigkeit gelten in beiden Orten die seit den Achtziger-jahren angebrachten, teilweise verblassten *murales:* Die Wandmalereien sind ein monumentaler Freiluftkatalog folkloristischer, politischer, erotischer und sozialer Wunschträume.

■ ESSEN & TRINKEN ■

LA GUARDIOLA

Das wellblechgedeckte Terrassenrestaurant an der südlichen Uferpromenade von Diamante ist die richtige

25 Jahre jung: Die Murales in Diamante und Cirella sind die Fresken unserer Tage

Adresse für die mit Tintenfischtinte schwarz gefärbten *linguine* (breite Spaghetti). Abends auch Holzofen-pizza, lokaler Wein. Pino Perrone, **Insider Tipp** der Bruder des Padrone, nimmt Gäste gern zum Fischen auf dem Kutter mit. *April–Okt. tgl. | Via Lungomare Riviera Bleu | Tel. 09 85 87 67 59 | €€€*

Insider Tipp **CAFFÈ NINÌ**
Antonio „Ninì" Belcastro zaubert in Diamante köstliches *peperoncino*-Eis! *Lungomare Santa Lucia 42*

■ EINKAUFEN ■

SAPORE CALABRIA
Würste, Marmeladen, Schokolade, Liköre – und alle mit *peperoncino! Via Lungomare | www.saporecalabria.it*

■ ÜBERNACHTEN ■

HOTEL DUCALE/VILLA RUGGERI
Adelspalazzo mit Charme (der einigen Zimmern fehlt) oberhalb einer sauberen Kiesbucht von Cirella. Schöner Garten, Privatstrand und tolle Dachterrasse. Gute Küche, Parkplatz. *24 Zi. | Via Vittorio Veneto 254 | Tel. 098 58 60 51 | Fax 098 58 64 01 | www.ducalehotel.net | €€*

HOTEL RIVIERA BLEU 🔊
Freundlich-familiäres Hotel an der südlichen Uferpromenade von Diamante, nur durch die kaum befahrene Uferstraße vom Sandstrand getrennt. *58 Zi. | Via Lungomare Poseidone | Tel./Fax 098 58 13 63 | www.hotelrivierableu.it | €€ – €€€*

■ FREIZEIT & SPORT ■

Das Meer um die Isola di Cirella ist ein Dorado für Schnorchler und Taucher.

■ STRÄNDE ■

Zu beiden Seiten von Diamante und Cirella erstrecken sich ausgedehnte Sand- und Kiesstrände.

■ AUSKUNFT ■

Via Fausto Gullo 1/Piazza Mancini | Tel. 098 58 11 30 | Fax 09 85 87 77 21 | www.prolocodiamante.it

■ ZIELE IN DER UMGEBUNG ■

MAIERÀ [116 B5]
Der zusammengekauerte Bergort ist von seinen ursprünglichen Bewoh-

nern weitgehend verlassen worden, aber viele alte Häuser sind in den letzten Jahren als Ferienwohnungen hergerichtet worden. Am Ortseingang gibt es bei der Bäckerin Holzofenbrot und im Metzgerladen luftgetrockneten *capocollo*-Schinken für ein leckeres Piazzapicknick. Toll ist der Blick vom winzigen  Dorfplatz über die tiefe Schlucht des Torrente Vaccuta nach Grisolia.

ORSOMARSO [116 B4]

In wilder Gebirgslandschaft (kurvenreiche Anfahrt!) versteckt sich gut 20 km nordöstlich hoch über dem Fiume Argentino das pittoreske Städtchen, der auf eine griechische Mönchsrepublik zurückgeht. Im Westen des Orts führt ein lauschiger Spaziergang zur 1000-jährigen Kapelle *Santa Maria di Mercuri*.

PAOLA [118 A2]

Gut 45 km südlich liegt der wichtigste Wallfahrtsort (17 000 Ew.) Kalabriens: Hier wurde im 15. Jh. San Francesco da Paola geboren, nach dem sich heute noch das Münchner Paulanerbräu nennt. Sein verschachteltes Kloster mit Einsiedlergrotte schmiegt sich oberhalb des Ortes und der Küstenstraße SS 18 in die Schlucht des Flusses Isca. Der Schutzpatron Kalabriens wird von den italienischen Matrosen angebetet. Sein größtes Wunder war die Fahrt in Begleitung eines Mitbruders über die Straße von Messina – auf seinem Mantel stehend! Dieser *Santo Mantello* wird heute noch in Paola verehrt.

Gaben einer ganzen Küste den Namen: die dickschaligen cedri

Besonders lebendig ist die hübsche Altstadt Anfang April, wenn das Fest des Heiligen mit einer Bootsprozession gefeiert wird. In den Gassen wird zu diesem Anlass ein mehrtägiger Jahrmarkt abgehalten.

SANTA MARIA DEL CEDRO [116 B4]

Der bis 1955 Cipollina genannte Ort 5 km nördlich im Tal des Abatemarco ist das Zentrum des Zedratzitronen-

MARCO POLO HIGHLIGHTS

★ **Grotta del Romito**
Ein Steinzeitkünstler ritzte vor 11 000 Jahren Auerochsen in den Fels (Seite 35)

★ **Schlauchbootfahrten**
Rafting auf dem wilden Lao (Seite 34)

★ **Diamante-Cirella**
Monumentale *murales*, herrliche Strände, und an der Uferpromenade des Zwillingsorts locken die Eisdielen mit erfrischender, knallgrüner *granita di cedro* (Seite 30)

SCALEA

anbaus. Im Sommer werden die wertvollen Früchte zum Laubhüttenfest an jüdische Gemeinden in der ganzen Welt geliefert. Köstliche *panicelli,* Leckereien aus den kandierten Schalen, finden Sie bei *Mirti & Zagare (Via degli Ulivi 99).*

Insider Tipp

SCALEA

[116 B4] An der arg zersiedelten Küste hat sich die oberhalb der Schnellstraße SS 18 treppenartig ansteigende Altstadt von Scalea (*scala* = Treppe) ihren eigenen Charakter bewahrt. Seit einigen Jahren wird hier munter restauriert. Die belebte Strandzone lässt touristisch keine Wünsche offen. Alljährlich feiern die Einheimischen und die zu diesem Anlass zurückgekehrten Emigranten am 16. Juli die *Festa del Carmine.* Frauen tragen als Votiv-

Insider Tipp

>LOW BUDGET

▸ Die Riviera dei Cedri aus der Vogelperspektive erleben und dabei bares Geld sparen können Sie, wenn Sie statt an der Küste in den ursprünglichen Bergstädtchen *Tortora (Brutium | Ortsteil Sarre 5 | Tel. 09 85 57 50 98 | www.brutiumhotel.it | €–€€)* oder *Aieta (Le Due Lanterne | Via Cantograndе 7 | Tel./Fax 098 57 10 96 | www.leduelanterne.it | €–€€)* übernachten.
▸ Seit Jahren ist Carmela Grillos winziges Lokal *A Cantinella (tgl. | Via Armando Diaz 101 | Mobiltel. 34 76 19 15 08 | €)* eine der besten Adressen von Cirella: leckere Antipasti, Pasta aus dem Ofen und Wein vom Fass.

gaben die *cinte,* aus Wachskerzen gefertigte Körbe, auf ihren Köpfen durch die engen Gassen des Orts.

■ SEHENSWERTES ■
CHIESETTA DELLO SPEDALE
Die kleine Basilianerkirche liegt versteckt in der oberen Altstadt nahe der Kirche Santa Maria d'Episcopio. Die Wände schmücken Reste byzantinischer Wandmalereien. *Schlüssel bei Familie Grisolia (Via del Ospedale)*

SAN NICOLA IN PLATEIS
Die weithin sichtbare *chiesa del sotto* liegt am Fuß der Altstadt. In einem Marmorgrab liegt der Großadmiral Ademaro Romano bestattet. *Fr–Mi 9 bis 10.30 und tgl. 17–19.30 Uhr*

■ ESSEN & TRINKEN ■
TARÌ
Padrone Mimmo Sassone lässt in seinem edlen Ristorante ausschließlich den selbst gefangenen Fisch servieren. *Mi und mittags geschl. | Piazza De Palma 10 | Tel. 098 59 17 77 | €€€*

■ ÜBERNACHTEN ■
LA RONDINELLA
Die Besitzer des empfehlenswerten Restaurants vermieten nette Zimmer in der Altstadt und auf ihrem nahe gelegenen Landgut. *Via Vittorio Emanuele III 21 | Tel. 098 59 13 60 | www.la-rondinella.it | €€*

■ FREIZEIT & SPORT ■
LAO ACTION RAFT
Professionell begleitete ★ Schlauchbootfahrten *(tgl. Juni–Aug.)* auf dem Lao. Im Winter und Frühjahr auch anspruchsvollere Wildwassertouren im Oberlauf des Flusses. Kajak-

RIVIERA DEI CEDRI

schule und -verleih, Gleitschirmflüge und Tauchen. *Via Lauro 10–12 | Tel./Fax 098 52 14 76 | www.iaorcft.it*

■ STRÄNDE ■

Am schönsten sind die ▶▶ Strände im nahen San Nicola Arcella.

■ AUSKUNFT ■

Via Kennedy 25 | Tel./Fax 098 59 06 79

PAPASIDERO [116 B4]

Ein Abt (griech. *papas*) Isidoros gründete im frühen Mittelalter diese Mönchssiedlung knapp 20 km im Landesinneren über dem Laotal. Ein klassisches Kalabrienfotomotiv ist die Brücke, die zur Wallfahrtskirche *Santa Maria di Costantinopoli* führt. Kunstliebhaber finden in der kleinen Kirche *Santa Sofia* gut erhaltene Fresken aus dem 16. Jh.

Die breiten Strände von Praia a Mare bieten sportlichen wie gemütlichen Naturen Platz

■ ZIELE IN DER UMGEBUNG ■

GROTTA DEL ROMITO ★ [116 B4]

1961 wurde im Laotal gut 30 km nördlich bei Papasidero-Montagna ein über 11 000 Jahre altes Tierbild von faszinierender Dynamik entdeckt. In einen Felsblock vor der Grotte ritzten Steinzeitmenschen einen Auerochsen – ersehnte Jagdbeute? *Nur mit Führung | Juni–Sept. tgl. 9–13 und 16–20, Okt.–Mai 9–17 Uhr*

PRAIA A MARE/ SAN NICOLA ARCELLA [116 B4]

Zwei beliebte Badeorte 5 bzw. 10 km nördlich. *Praia a Mare* lockt mit schönen Sand- und Kieselstränden, Wasservergnügungspark sowie Paddelbootfahrten zur *Isola di Dino* mit geheimnisvollen Meeresgrotten. Die Altstadt von ☀ ▶▶ *San Nicola* thront auf einem Felssporn. Die schönsten Strände sind am Arco Magno.

> BERGDÖRFER UND HEISSE QUELLEN

Bizarre Panzerkiefern und albanisches Brauchtum in den Bergen, buntes Badeleben am Ionischen Meer

> **Jahrhundertelang ein Verkehrshindernis: Als mächtiger Kalksteinriegel legt sich das Pollinomassiv, dessen höchster Gipfel Serra Dolcedorme (2267 m) sich an der Grenze zur Basilikata erhebt, an einer der schmalsten Stellen der Appenninhalbinsel quer.**

Längst garantiert die Autostrada del Sole die schnelle Erreichbarkeit der Stiefelspitze. Bilderbuchorte wie Altomonte und Morano Calabro eignen sich gut als Basisquartiere für die Erkundung des ★ Parco Nazionale del Pollino *(www.parcopollino.it)*. Mit 2000 km² ist er der größte Nationalpark Italiens und erstreckt sich bis in die Region Basilikata. Botanisches Markenzeichen der grandiosen Bergwelt sind die von Stürmen bizarr verdrehten Panzerkiefern *(pino loricato)*. In vielen Bergdörfern hat sich über die Jahrhunderte albanisches Brauchtum lebendig erhalten. Erfrischung und Badespaß bieten die

Bild: Blick auf Civita

POLLINO UND SIBARI

Strände an der ionischen Küste vom antiken Sybaris bis zur byzantinischen Mönchsmetropole Rossano. Eine Tour durchs Pollinogebirge finden Sie im Kapitel „Ausflüge & Touren".

ALTOMONTE

[116 C5] ⭐ ▶▶ **Das liebevoll restaurierte 5000-Ew.-Städtchen wartet mit Kunstwerken von überraschender Qualität auf.** Die herrschenden Adelsfamilien der Sangineto und Sanseverino spielten eine wichtige Rolle am neapolitanischen Königshof der Anjou und verpflichteten als Mäzene prominente Künstler in die Provinz. Altomonte hat sich zu einem Modell für niveauvollen und sozialverträglichen Tourismus entwickelt. Ateliers, traditionelles Handwerk, „Hotels de Charme" in historischen Altstadtbauten und Trattorien mit unverfälschter Kost sorgen für ein entspanntes Flair, wie man es sonst an den Kunststädten der Toskana schätzt.

■ SEHENSWERTES ■

MUSEO CIVICO

Im Dominikanerkonvent neben der Kirche Santa Maria della Consola-

SANTA MARIA DELLA CONSOLAZIONE

Die Kirche „Mariä Tröstung" gehört zu den kostbarsten der kalabrischen Anjougotik. Im Inneren ließ sich der 1377 gestorbene Stadtherr ein Marmorgrab mit aufwendigem Figurenprogramm meißeln.

Santa Maria della Consolazione repräsentiert den Baustil der Anjougotik

zione schrieb Tommaso Campanella 1588/89 an seinem Hauptwerk „Der Sonnenstaat". Heute beherbergt das Kloster ein exquisites Museum. Kunstgeschichtliches Highlight ist ein Simone Martini (1284–1344) aus Siena zugeschriebenes Temperabild des heiliggesprochenen ungarischen Anjoukönigs Ladislaus. *Mo 10–13 und 16–19, Di–So 9–13 und 16.30 bis 18 Uhr | Piazza Tommaso Campanella*

■ ESSEN & TRINKEN ■

IL RISTORO DEL PRINCIPE

Traditionelle Gerichte in einem netten Altstadtlokal. *Mo geschl. | Piazza Tommaso Campanella 5 | Tel. 09 81 94 87 43 | €€*

■ ÜBERNACHTEN ■

HOTEL BARBIERI ⚘ 📶

Die Hälfte der geräumigen Zimmer bietet einen Traumblick auf die Stadt. Großer Garten und Pool. Enzo Barbieri vermietet auch edle Apartments in der Altstadt. Dem Restaurant des Hotels eilt sein guter Ruf voraus. Beginnen Sie Ihr Mahl mit einem Reigen raffinierter Antipasti! *42 Zi. | Via Italo Barbieri 30 | Tel. 09 81 94 80 72 | Fax 09 81 94 80 73 | www.barbieri group.it | €€–€€€*

HOTEL FOOD & DRINK
Junges Hotel am Altstadtrand, die freundlichen Besitzer sprechen perfekt Englisch. Internetpoint und ▶▶ Bar. *11 Zi. | Via Aldo Moro 14 | Tel. 09 81 94 48 49 | www.hotelfood-drink.it | €*

■ AUSKUNFT
Largo della Solidarietà 1 | Tel. 09 81 94 88 04 | www.comunedialtomonte.it

CASTROVILLARI
[117 D4] Das erfrischend **untouristische, lebendige Landstädtchen (23 000 Ew.) ist der Hauptmarkt des Pollino.** Wer mit dem Auto kommt, gerät fast zwangsläufig auf den schnurgeraden Corso Garibaldi und parkt am besten beim Largo Cavour, um die Civita genannte Altstadt zu Fuß zu erkunden.

■ SEHENSWERTES

CASTELLO ARAGONESE
Erst Burg, dann Gefängnis, heute Museum: Das typische Schicksal süditalienischer Wehrbauten teilt auch das 1490 unter dem neapolitanischen König Ferdinand I. von Aragón erbaute Stadtkastell. *Sommer tgl. 9–13 und 15–22 Uhr*

SANTUARIO DELLA MADONNA DEL CASTELLO �▼
Vergebens versuchten die Normannen auf diesem Hügel eine Festung zu errichten, die Mauern stürzten immer wieder ein. Eine wundertätige Ikone belehrte sie über den wahren Wunsch des Himmels: eine Kirche, die heute noch das Marienbild beherbergt. Der Spaziergang wird mit einem bestechenden Panoramablick belohnt. *Tgl. 9–12 Uhr*

■ ESSEN & TRINKEN

LA LOCANDA DI ALIA ⌇
Im Spitzenrestaurant der Brüder Alia gerät die kalabrische Küche, auf raf-

MARCO POLO HIGHLIGHTS

★ **Altomonte**
Kunst und Küche bilden hier das Kapital (Seite 37)

★ **Canyon des Raganello**
Die tiefste Felsschlucht des Pollino bei Civita (Seite 40)

★ **Morano Calabro**
Der Ort ist ein einziges Belvedere (Seite 43)

★ **Codex Purpureus**
Kostbare Evangelienhandschrift in Rossano (Seite 44)

★ **Parco Nazionale del Pollino**
Ein Nationalpark der Superlative (Seite 36)

★ **Kamastra**
Schmaus in der albanischen Trattoria in Civita (Seite 41)

finierte Art neu interpretiert, zur Augen- und Gaumenweide. Wer möchte, kann hier ebenso stilvoll übernachten. *So geschl. | Via Jetticelle 55 | Tel./Fax 098 14 63 70 | www.alia.it | €€€*

■ EINKAUFEN

Insider Tipp

BASILIO MIRAGLIA

Die Weinkelterei in Eianina di Frascineto auf halbem Weg nach Civita ist etwas Besonderes: Zuweilen trägt die charmante Inhaberin und Rechtsanwältin Teresa im stimmungsvollen Keller Gedichte auf *arbëreshe* vor. Guter Rosé und erlesener trockener Dessertwein. *Nach Voranmeldung unter Tel. 098 13 20 16 | www.pollino miraglia.com*

■ ÜBERNACHTEN

JOLÌ

Renoviertes Hotel mit komfortablen Zimmern und gutem Restaurant. Ruhig im Zentrum gelegen. *42 Zi. | Corso Garibaldi 93 | Tel. 098 12 11 11 | Fax 098 12 86 53 | www.jolihotel.it | €€–€€€*

>LOW BUDGET

> Bungalows und Zeltplätze im Pinienhain am Meer: Auf dem *Camping Pineta di Sibari (Cassano allo Ionio-Sibari, Ortsteil Fuscolara | Tel. 098 17 41 35 | www.pinetadisibari.it)* unter deutsch-italienischer Leitung kommen Sie günstig unter.

> Gutes Essen muss nicht unbedingt teuer sein. Den Beweis liefert in Civita die *Pizzeria L'Antico Ulivo (Di geschl. | Corso Umberto I 56 | Tel. 098 17 33 33 | €).*

■ AUSKUNFT

Corso Garibaldi 160 (Palazzo Varcasia) | Tel. 09 81 20 95 95 | www.prolo cocastrovillari.it/iat.htm, wwww.cast rovillari.info

CIVITA (ÇIFTI)

[117 D4] Das 1471 von albanischen Flüchtlingen gegründete Çifti (1100 Ew.) ist mit seinen ausgezeichneten Trattorien, seinen kleinen Läden, Bäckereien und freundlichen Bars ein idealer Platz, um der Kultur der Arbëreshe zu begegnen. Der auf Albanisch „Adlerhorst" genannte Ort, der erst im letzten Moment von der Straße aus sichtbar wird, ist Ausgangspunkt für spektakuläre Wanderungen in den Parco del Pollino.

■ SEHENSWERTES

CANYON DES RAGANELLO ★ ▶▶

Von der Hauptpiazza geht es in einer halben Stunde in engen Serpentinen hinab zur Raganelloschlucht mit dem *Ponte del Diavolo* (Teufelsbrücke). Von dort aus klettert ein noch auf die Antike zurückgehender, überwucherter Felspfad *(Via del Peperoncino)* durch die Macchia bis auf den ☀ *Monte Demonio.* Mehrere Hundert Meter tief stürzen die Felswände hier zum Raganello ab (unbedingt Bergführer mitnehmen!).

MUSEO ETNICO ALBANESE (MUSEO ETNIK ARBËRESHE)

Insider Tipp

Trachten, Bilder vom albanischen Nationalhelden Skanderbeg, Fotos vom Pollino und der *vallja,* dem archaischen österlichen Freudentanz, lassen sich in diesem winzigen Museum anschaulich studieren. Auch eine Zeitung auf Albanisch wird herausgegeben. *Mo–Fr 9–13 una 16–20 Uhr | Piazza Municipio*

SANTA MARIA ASSUNTA

Vor wenigen Jahren wurde die Kirche wieder mit griechisch beschrifte-

■ ESSEN & TRINKEN ■
KAMASTRA ⭐

Eine kulinarische Offenbarung in stimmungsvollem rustikalem Ambiente: einfache, aber köstliche Gerichte wie *tumacme qiqrat* (Pasta mit Kichererbsen), Pilze, Zicklein und

Die spektakuläre Raganelloschlucht sollten Sie am besten mit Bergführer erkunden

ten Ikonen geschmückt, meist von der Hand kretischer Maler. Die katholischen Heiligenstatuen wanderten dafür in Schränke und Depots. Heute wird die Messe wieder nach orthodoxem Ritus auf *arbëreshe* und Griechisch gelesen – typisch für unierte Kirchen Süditaliens, die den Papst als Oberhaupt anerkennen, aber die Besonderheiten ihrer Liturgie beibehalten dürfen.

selbst gemachte Salami. *Im Winter Mi geschl. | Piazza Municipio 3–6 | Tel. 098 17 33 87 | www.kamastra. net | €€*

■ ÜBERNACHTEN ■
GRAN CANYON

Inside Tipp

Der Name ist berechtigt: Hostel in phantastischer Lage über dem Raganellocanyon, 1 km oberhalb des Orts gelegen und auch auf einem Trep-

CIVITA (ÇIFTI)

An der Grenze zur Basilikata thront die Ruine der Stauferburg Rocca Imperiale

penweg zu erreichen. Grundsolide Küche. Gäste jeden Alters willkommen. *7 Zi., 1 Schlafsaal | Ortsteil Laxa | Tel./Fax 098 17 30 89 | www. albergostellopollino.com | €*

LA QUERCIA
Nette Pension 1 km unterhalb des Orts. *12 Zi. | Ortsteil Serriccele | Tel./Fax 098 17 30 89 | www.albergo stellopollino.com | €*

■ FREIZEIT & SPORT ■
Insider Tipp Bergführer Emanuele Pisarra kennt nicht nur jeden Weg und jede Pflanze des Pollino, sondern weiß auch (auf Italienisch und Englisch) begeisternd von der Kultur und dem Alltag seines Heimatdorfs zu erzählen. Er begleitet kurze und lange Wanderungen und organisiert Jeeptrekkingfahrten zu den Gipfeln. *Via Gennaro Placco 12 | Mobiltel. 33 38 73 28 29 | www.aca landrostour.it*

■ AUSKUNFT ■
Im Museo Etnico Albanese (s. o.) und www.civita.info

■ ZIELE IN DER UMGEBUNG ■
CERCHIARA DI CALABRIA   **[117 D4]**
Vom Zentrum des 25 km nordöstlich gelegenen Orts (3000 Ew.) führt eine spektakuläre, mehrstündige Rundwanderung hinauf zum ✹ *Santuario Santa Maria delle Armi,* das auch mit dem Auto zu erreichen ist. Von der als Wallfahrtsziel verehrten Grottenkirche bietet sich ein großartiger Fernblick. Im *Ristoro Al Santuario (April–Sept. Mi, Nov.–März Mo–Fr geschl. | Tel. 09 81 99 11 39 | €)* können sich Pilger und Ausflügler bei rustikaler Kost stärken. Feinschmecker laben sich nach der Rückkehr in den Ort an Hirtenküche mit Ricotta und Wildspargel in der traumhaften *Locanda Campanile (Mo geschl. | Via Caputi 18–20 | Tel. 09 81 99 16 36 | €€).*

Unterhalb des friedlichen Bergstädtchens locken ländliche *Schwefelthermen (Mai–Sept. tgl. 7–20, Juli /Aug. bis 24 Uhr)* mit der *Insider Tipp* Grotta delle Ninfe (Nymphengotte), in denen vor zweieinhalb Jahrtausenden schon die antiken Sybariten kurten.

ROCCA IMPERIALE [117 E2]

Die imposante Ruine der 1644 von Türken geplünderten Stauferfestung erhebt sich 65 km nordöstlich von Civita nördlich des Capo Spulico in 204 m Höhe an der Grenze zur Basilikata. Besonders fotogen ist der Anblick der von Friedrich II. errichteten Burg vom Landesinneren aus.

MORANO CALABRO

[116 C4] ⭐ Schon von weitem einer der schönsten Orte Kalabriens: Morano (5000 Ew.) zieht sich als verschachtelte Pyramide eine Bergkuppe hinauf. Im Hintergrund bildet das bis ins späte Frühjahr verschneite Kalksteinmassiv des Pollinogebirges eine majestätische Kulisse. Stundenlang kann man durch das Labyrinth der engen Gassen und steilen Treppenwege streifen. Auf der Spitze des Stadthügels lockt die ❀ Ruine des normannischen Kastells mit einem atemraubenden Panorama.

■ SEHENSWERTES ■

SAN BERNARDINO DA SIENA

Die demonstrativ schmucklose Abteikirche wurde im 15. Jh. für den in ganz Italien populären franziskanischen Prediger gebaut, der auch Stadtpatron von Morano ist. Meisterwerke der Holzschnitzkunst sind die Predigtkanzel und die Kassettendecke. Das Patronatsfest des Heiligen, der vehement für die Geschlechtertrennung während des Gottesdienstes eintrat, wird mit großem Prunk am 20. Mai begangen. *Tgl. 10–12 und 17 bis 19 Uhr*

SANTA MARIA MADDALENA

Bunte Majolikakuppeln im spanisch-süditalienischen Stil schmücken die Barockkirche am unteren Ortsrand. Hier werden Kunstschätze aus ganz Morano verwahrt. Kostbarstes Exponat ist der *goldgrundige Flügelaltar* **Insider Tipp** (1477) des Malers Bartolomeo Vivarini aus Murano: Das einstige Hauptaltarbild der Chiesa San Bernardino da Siena wird hier nach wiederholten Diebstählen durch Gitter gesichert in der Sakristei gezeigt. *Tgl. 10–12 und 17–19 Uhr*

■ ESSEN & TRINKEN ■

LA CANTINA **Insider Tipp**

Das Lieblingsrestaurant der Einheimischen brilliert mit hausgemachter Pasta. *Mo geschl. | Piazza Croce 21 | Tel. 098 13 10 34 | €*

In vielen Orten hängen peperoncini-Schoten zum Trocknen in der Sonne

LE PRATOLINE

Urige Hausmannskost. Die gemütliche Berghütte zwei Minuten von der Autobahnausfahrt Campo Tenese vermietet im Sommer auch einfache Zimmer. *Sa und außer im Sommer abends geschl. | Ortsteil Campo Tenese | Tel. 098 13 39 60 | €*

■ ÜBERNACHTEN

LA LOCANDA DEL PARCO 🔊

Netter *agriturismo*-Betrieb 2 km von der Autobahnausfahrt Morano Calabro/Castrovillari und 6 km vom Ort entfernt. Opulentes Essen und Wellnesscenter, Pferdetrekking im Pollino. *10 Zi. | Ortsteil Mazzicanino | Tel./Fax 098 13 13 04 | www.lalocandadelparco.it | €€*

VILLA SAN DOMENICO 🔊

Luxuriöses Hotel in einem alten Adelspalazzo mit Garten am Fuß der Altstadt. *14 Zi. | Via Sotto gli Olmi | Tel. 09 81 39 99 91 | Fax 098 13 05 88 | www.albergovillasandomenico.it | €€€*

■ FREIZEIT & SPORT

Hoteliers und Pensionswirte vermitteln ihren Gästen den Kontakt zu Bergführern des Parco del Pollino und bieten Ausflugspakete an.

■ AUSKUNFT

nur online: *www.comunemoranocalabro.it*

ROSSANO

[117 E5] Die nie von Sarazenen eroberte schöne Hügelstadt (35 000 Ew.) in den nördlichen Ausläufern der Sila Greca war jahrhundertelang das politische und religiöse Zentrum der byzantinischen Mönchskultur Kalabriens. Größter Schatz des Bergstädtchens, das auch heute noch fast wie eine griechische Plaka wirkt, ist der Purpurkodex, eine aus Syrien oder dem Heiligen Land stammende Bibelhandschrift des 6. Jhs.

■ SEHENSWERTES

MUSEO DIOCESANO D'ARTE SACRA

Das moderne Diözesanmuseum mit Videosaal ist ein würdiger Rahmen für den ⭐ *Codex Purpureus*. Die Bedeutung der mit silberner Tinte auf purpur gefärbtem Pergament gemalten Evangelienhandschrift in griechischer Sprache wurde erst 1879 von dem evangelischen Theologen Adolf

> KATHEDRALEN IN DER WÜSTE

Wie Fata Morganas: Industrieanlagen ohne Infrastruktur

Kalabresen reißen Witze über ihre völlig schadstofffreien Industrieanlagen wie jene Düngemittelfabrik bei Melito di Porto Salvo, die ihren Betrieb nie aufgenommen hat. Das Stahlwerk von Gioia Tauro, ein Musterbeispiel verfehlter Entwicklungspolitik, die nicht zuletzt in die Taschen der 'ndrangheta wirtschaftete, wurde nie gebaut. Fertiggestellt wurde lediglich das Hafenbecken von immensen Ausmaßen. Überall in Italiens unterentwickeltem Süden, dem Mezzogiorno, trifft man auf solche Zeugnisse einer gescheiterten Industrialisierungs- und Entwicklungspolitik.

Harnack entdeckt. Interessantes Detail: Beim Abendmahl liegt Christus mit den Jüngern – wie in der Antike üblich – auf einem Speisesofa! *Di bis So 9–12 und 16–19 Uhr | Via Arcivescovado*

SAN MARCO

Kräftige Pfeiler stützen im Inneren die fünf Kuppeln des kleinen Gottes-

gemacht". Ein angeblich von Engeln gemaltes Fresko des 8. Jhs. wird hinter einem Barockgitter in der zu Beginn der normannischen Epoche erweiterten Kirche verehrt.

ESSEN & TRINKEN

LA BIZANTINA

Terrassentrattoria unterhalb von San Marco. Üppige Antipasti, Holzofen-

Abenddämmerung am Rathausplatz in Rossano: Nach der Mittagshitze kehrt langsam das Leben zurück auf die Straßen und Plätze der Stadt

hauses am südlichen Ortsrand – ein besonders reizvolles Beispiel byzantinischer Architektur in Unteritalien. *Sommer tgl. 9–13 und 16.30–20.30, sonst 9–12 und 16–19 Uhr*

SANTISSIMA ACHIROPITA

Acheiropoieta bedeutet auf Griechisch „nicht von (Menschen-)Hand

pizza und hausgemachte Pasta. *Mo und mittags geschl. | Corso Garibaldi 246 c | Tel. 09 83 52 53 40 | €€*

EINKAUFEN

LIQUIRIZIA AMARELLI

Ins der Tipp

Bereits seit 1731 raspelt Familie Amarelli Süßholz und macht daraus Lakritz und Likör. Mo–Sa um 10 und

Filigrane Mosaiken: Fußboden des byzantinischen Patirion-Klosters bei Rossano

ausgezeichnet, die Zutaten stammen aus biologischem Anbau. *12 Zi. | Ortsteil Amica (von der SS 106 Richtung Paludi abbiegen) | Tel. 098 36 45 08 | www.giardinoiti.it | €€*

FREIZEIT & SPORT

Am Patirion gibt es markierte Wanderwege. Mit guten Tipps und qualifizierten Führungen (auch in Fremdsprachen) hilft die *Cooperativa Neilos (s. Auskunft)* weiter.

STRÄNDE

Einsamer als der Lido Sant'Angelo sind die schönen Strände am 10 km östlich gelegenen Capo Trionto.

AM ABEND

Im Sommer ist am Lido Sant'Angelo immer was los, hier konzentriert sich das Freizeitangebot mit Restaurants, Pizzerien und Diskos.

AUSKUNFT

Cooperativa Neilos | Piazza Duomo 25 | Tel./Fax 09 83 52 52 63 | neilos @tiscalinet.it | www.comune.rossa no.cs.it

ZIELE IN DER UMGEBUNG

**PATIRION
(SANTA MARIA DEL PATIRE)** [117 E5]
Österreichische Kriegsgefangene bauten im Ersten Weltkrieg die steile Serpentinenstraße, die zu dem einsam 20 km westlich von Rossano in 609 m Höhe gelegenen Basilianerkloster führt. Eine wunderschöne Wanderung geht auf halber Höhe rechts ab (Wegweiser). Durch Steineichenwälder und würzig duftende Macchia führt der Pfad in einer knappen Stunde zum Ziel. Das Patirion

18.30 Uhr ist das schöne Museum zu besichtigen. *Ortsteil Amarelli (SS 106), Rossano Scalo | www.museodel laliquirizia.it*

ÜBERNACHTEN

Insider Tipp

IL GIARDINO DI ITI
Baronessa Bebé Cherubini empfängt ihre Gäste in den ehemaligen Wirtschaftsräumen ihrer *masseria* (Gutshof). Kinder können im grünen Innenhof sicher spielen. Das Essen ist

wurde um 1100 von dem byzantinischen Abt Bartholomaios von Simeri gegründet. Den Boden schmücken Tiermosaiken des 12. Jhs. im Stil der apulischen Kathedrale von Otranto.

SAN DEMETRIO CORONE
(SHËN MITER)   [117 D5]
Der Bergort knapp 45 km westlich ist ein Zentrum der Arbëreshekultur. Am Ortsrand Richtung Acri birgt die *Abbazia di Sant'Adriano* kostbare mittelalterliche Fußbodenmosaiken mit lustigen Tiermonstern. Sollte der Kustode nicht anwesend sein, im Ort nach den *vigili urbani* fragen.

SIBARI (SYBARIS)   [117 E5]
Sybaris wurde im 8. Jh. v. Chr. von achäischen Griechen gegründet. Die reichen Sybariten verlegten Weinleitungen in ihrer Stadt und veranstalteten Kochwettbewerbe. 510 v. Chr. machten die Truppen Krotons unter Führung des Olympiasiegers Milon

dem ein Ende: Sybaris wurde zerstört. Im ab 444 v. Chr. mit attischer Hilfe wiederbegründeten Thurioi zog als prominentester Neubürger der „Vater der Geschichte", Herodot aus Halikarnassos, zu. Der Stadtplaner Hippodamus von Milet entwarf für die griechische Neugründung einen rechtwinkligen Straßengrundriss, wie er sich in vielen Städten Nordamerikas wiederfindet.

Die immer noch fragmentarischen Ausgrabungen *(Scavi di Sibari | SS 106 km 24 | tgl. 9 Uhr–1 Std. vor Sonnenuntergang)* 30 km nordwestlich von Rossano haben die breite Hauptstraße, Reste von Thermen und Theatern sowie ein römisches Tor freigelegt. Die schönsten Funde sind ein paar Hundert Meter weiter im *Museo Archeologico Nazionale della Sibaritide (tgl. 9–18.30, Juli/Aug. 9 bis 20 Uhr, 1. und 3. Mo im Monat geschl. | Via Casoni, Abzweigung am km 25 der SS 106)* ausgestellt.

> BLOGS & PODCASTS
Gute Tagebücher und Files im Internet

> **www.bleedingespresso-sognatrice. blogspot.com** – Eine junge Italoamerikanerin reist nach Kalabrien, um den Ort ihrer Vorfahren kennenzulernen ... und bleibt ... und schreibt.

> **www.sciroccorosso.org** – Engagierter Politik- und Umweltblog von Francesco Cirillo aus Diamante.

> **http://italienpolitik.blog.de** – Kommentare zum politischen Tagesgeschehen eines in Mannheim lebenden italienischstämmigen Juristen und freien Journalisten.

> **www.mafia-news.com** – Nicht erst seit den Duisburg-Morden im August 2007 ist Kalabrien im weltweiten Mafiablog Thema.

> **www.radioblogclub.com** – Hier gibt es u. a. die Songs der kalabrischen Folklegende Otello Profazio.

> **www.google.com/alerts** – Hier eintragen und per E-Mail gratis Webnews zu Kalabrien abonnieren.

Für den Inhalt der Blogs & Podcasts übernimmt die MARCO POLO Redaktion keine Verantwortung.

> DIE KALABRISCHE SCHWEIZ

Und zu Füßen des waldreichen Hochplateaus im Herzen
Kalabriens: das „kalabrische Athen"

> Athen und die Schweiz treffen sich in
Kalabrien. Mit diesen Attributen schmücken sich Cosenza, die etwas baufällige,
aber prunkvolle Stadt der Philosophen,
und die Sila mit ihren Skiliften.

Dieses bis knapp 2000 m hohe, na-
turgeschützte Gebirge voller Stauseen ist ein ideales Terrain für vielerlei Sportarten und wird von Südita-
lienern geliebt, während Nordlichter
eher verblüfft auf die Kiefern-, Weiß-
tannen- und Buchenwälder reagieren.

COSENZA

 **KARTE IN DER HINTEREN
UMSCHLAGKLAPPE**

[118 B2–3] **Die antike Kapitale der Bruttier am Zusammenfluss von Crati und Bu-
sento wartet mit der wohl imposantesten
Altstadtkulisse Kalabriens auf.** Die
73 000 Cosentiner sind stolz auf den
Ehrentitel „Athen Kalabriens". Die
Universitätsstadt besitzt eine lebendige Kulturszene mit Literatencafés

Bild: Lago di Cecita in der Sila

COSENZA UND DIE SILA

und dem Teatro Rendano und orientiert sich gerne an Neapel. An der örtlichen Akademie lehrte der von Hegel bewunderte Philosoph Bernardino Telesio (1509–1588), sein Denkmal grüßt von der Piazza XV Marzo am Ende des Corso Telesio. Das Projekt eines seinem Schüler Tommaso Campanella gewidmeten *parco letterario (www.parchiletterari.com/campanella)* wird mit Engagement vorangetrieben.

Wer die ★ ▶▶ Altstadt von Cosenza nur während der langen Siesta durchstreift, die im Sommer bis 17 Uhr dauern kann, verpasst das Beste. Die meisten der charmanten Antiquitätengeschäfte, Kunstgalerien, Bars und Buchläden, die den Corso Telesio säumen, sind dann geschlossen. Abends zieht es die Jugend zum Feiern in die „Freiluftbühne" des historischen Zentrums, das zunehmend renoviert wird, ohne dass man deswegen die malerische Patina der abblätternden Hausfassaden antastet.

Cosenza, das ist aber auch die weitaus größere Neustadt, die mit dem Vorort Rende zusammengewachsen ist. Hier, wo die moderne Campusuniversität angesiedelt ist, zeigt sich ein wirtschaftlich aufblü-

Straßenszene in Cosenzas Altstadt

hendes Kalabrien. Boutiquen fast aller Nobelmarken sind vertreten, und schicke Bars bieten ein Refugium vor dem starken Autoverkehr.

■ SEHENSWERTES

CASTELLO SVEVO ✻

Sarazenen, Normannen, Staufer, Anjou und Aragonesen haben an der mächtigen Festung auf dem Colle Pancrazio gebaut, die durch zahlreiche schwere Erdbeben beschädigt wurde. Seit Jahren ist die Anlage, auf der Heinrich VII. gefangen saß, restauriert und öffentlich zugänglich.

Toller Blick über die Altstadt. *Tgl. 8 bis 20, Juli/Aug. 8–24 Uhr*

CONVENTO SAN DOMENICO

Die Dominikanerkirche bei der Busentobrücke Ponte Alarico in der Neustadt wurde im 15. Jh. unter der Adelsfamilie Sanseverino di Bisignano erbaut und im 18. Jh. ausgeschmückt. Ein Juwel des kalabrisch-spanischen Barocks ist die *Cappella del Rosario* (Rosenkranzkapelle) mit einer vergoldeten Kassettendecke. *Piazza Campanella*

DUOMO

Mitten in der Altstadt erhebt sich an einer unregelmäßigen, ansteigenden Piazza die Kathedrale, die 1222 in Anwesenheit des Stauferkaisers Friedrich II. neu geweiht wurde. Zisterziensische Schlichtheit des Dekors prägt Außen- und Innenraum. Ein Kunstwerk von internationalem Rang ist das gotische Grab der Isabella von Aragón links im Chorraum. Bei der Rückkehr vom Tuniskreuzzug stürzte die schwangere Gattin des französischen Königs Philipp des Kühnen 1271 bei der Überquerung des Savuto tödlich vom Pferd. Französische Künstler, vielleicht vom neapolitanischen Hof der Anjou, schufen ihr Bildnis in eleganter Hoftracht.

MUSEO ALL'APERTO ▶▶

Cosenza verdankt seine jüngste Kunstattraktion dem enagierten Mäzenatentum des gebürtigen Cosentiners und Wahlamerikaners Carlo Bilotti. Flaniert man durch die neue Fußgängerzone über den Corso Mazzini, begleiten einen Skulpturen von Giorgio De Chirico, Emilio Greco, Salvador Dalì

COSENZA & DIE SILA

und Pietro Consagra. Von Sasha Sosno stammt eine moderne Interpretation der Bronzen von Riace. Das Freiluftmuseum können Sie auch virtuell besuchen *(www.mapcosenza.it)*.

■ ESSEN & TRINKEN ■

TAVERNA L'ARCO VECCHIO

Originelle Traditionsküche im gemütlichen Gewölbe eines alten Palazzos. *So geschl. | Piazza Archi di Ciaccio 21 | Tel. 098 47 25 64 |* €€

DA GIOCONDO

Silaküche in Hochform: hausgemachte Pasta, Pilze und Forellen. *So-Abend geschl. | Via Piave 53 | Tel. 098 42 98 10 |* €€ – €€€

GRAN CAFFÈ RENZELLI ▶▶

Insider Tipp

Das Café im Libertystil ist ein Ort literarischer und musikalischer Begegnungen. Köstliche *dolci* und *caffè viennese* mit Domblick. *Corso Telesio 46 | www.grancafferenzelli.it*

■ ÜBERNACHTEN ■

EXCELSIOR 🔊

Künstler und Kenner steigen in diesem geschmackvoll restaurierten Hotelbau der Zwanzigerjahre gegenüber vom Bahnhof der Ferrovie della Calabria und wenige Gehminuten von der Altstadt ab. Gutes Restaurant. Zimmer nach hinten verlangen und rechtzeitig reservieren! *40 Zi. | Piazza Matteotti 14 | Tel./Fax 098 47 43 83 | www.excelsiorhotel.it |* € – €€

Hinter dem Dom: Blick auf die ausgegrabenen Reste des antiken Cosenza

SAN FRANCESCO 🔊

Geschäftsleute ziehen das vor wenigen Jahren komplett renovierte, komfortable Hotel im Ortsteil Rende vor. *130 Zi. | Via Ungaretti 2 (A 3 Ausfahrt Cosenza Nord) | Tel. 09 84 46 17 21 | Fax 09 84 46 45 20 | www.hsf.it |* €€€

■ AM ABEND ■

Auf der ▶▶ Piazza Duomo und im Stadtpark ▶▶ Villa Comunale treffen sich die *ragazzi*. Beliebte Altstadttreffs sind das ▶▶ *Mojito (Piazza dei Valdesi 5),* wo zu Salsa-und Merengueklängen kubanische Cocktails serviert werden, und der ▶▶ *James Joyce Irish Pub (Via Cafarone 19).* In der Unistadt Rende zählen das ▶▶

MARCO POLO HIGHLIGHTS

★ **Altstadt von Cosenza**
Neuer Schwung in der alten Stadt am Busentoufer (Seite 49)

★ **Giganti della Sila**
Riesenbäume in der „kalabrischen Schweiz" bei Camigliatello (Seite 55)

Plaza Cafè (Piazza Matteotti 2) und die ▶▶ Cigar Bar Lounge (Via Torino) zu den Inplätzen.

BEAT MUSIC CLUB ▶▶
Lockere Clubatmo in nettem Terrassenlokal am Dom. Bluesmusik oft auch live. Bier, Cocktails und Kleinigkeiten. *Im Winter Di/Mi geschl.* | *Piazza Duomo 4–8* | *www.beatpub.it*

CASA DELLE CULTURE
Filme, Ausstellungen und Internetcafé in einem Altstadtpalazzo. *Corso Telesio 98* | *www.casadelleculture.it*

TEATRO RENDANO
Im klassizistischen Stadttheater von Cosenza werden Opern und Schauspiele aufgeführt. *Piazza XV Marzo* | *Tel. 09 84 81 33 31* | *www.comune.co senza.it/culture*

>LOW BUDGET

> Komfortable Budgetbleibe mit Internetpoint, Gästeküche und kleinem Garten am Ostufer des Fiume Crati, die Altstadt von Cosenza im Blick und in Gehdistanz: *Ostello Re Alarico (Vico II. Giuseppe Marini Serra 10* | *Tel. 0984792570* | *www.ostellore alarico.com* | €*).*

> Preiswert und mit der Schmalspurbahn aus Cosenza bzw. Catanzaro zu erreichen ist das gastliche *B & B Calabria (Scigliano, Ortsteil Diano* | *Via Roma 7* | *Tel. 09 84 96 61 50* | *www. bedandbreakfastcalabria.it* | €*)* am Westhang der Sila. Raffaele Ripoli und Esther van der Linde empfangen ihre Gäste polyglott und mit vielen guten Tipps.

■ AUSKUNFT
Via Antonio Toscano 3 | *Tel. 09 84 81 33 36* | *www.comune.cosen za.it, www.aptcosenza.it*

■ ZIELE IN DER UMGEBUNG

ABBAZIA DI SAMBUCINA [118 B2]
Die um 1140 gegründete Zisterzienserabtei gut 30 km nördlich, die älteste Süditaliens, war bis in die Renaissance eines der großen Kulturzentren des Landes. Nach Erdbebenschäden 1780 verlassen und verfallen, liegt sie einsam in 850 m Höhe umgeben von den Holunderbüschen, die ihr den Namen gaben.

MONTALTO UFFUGO [118 B2] Inside Tipp
20 km nordwestlich von Cosenza steht im hübschen Zentrum des kirchenreichen Kleinstädtchens Montalto Uffugo – weltberühmt als Schauplatz der Oper „I Pagliacci" (Der Bajazzo, 1892) – eine Stele mit dem schnurrbärtigen Porträt des Komponisten Ruggiero Leoncavallo (1857 bis 1919). Leoncavallos Vater verhandelte hier im Jahr 1865 als Untersuchungsrichter den Eifersuchtsmord, auf den der Opernstoff zurückgehen soll.

PARCO NAZIONALE DELLA SILA
[118–119 C–D 2–4] Die Sila ist ein Hochplateau, dessen höchster Gipfel mit 1928 m der Monte Botte Donato ist. Der fast skandinavisch anmutende Reichtum an Wäldern, Bächen und Wildblumen begeistert vor allem Südita-

liener. Aus dem einst unwegsamen Rückzugsgebiet für Köhler und Banditen ist durch Holzeinschlag und den Bau von Stauseen und Skiliften ein beliebtes Naherholungsgebiet geworden, das zu vielerlei Sport, zum Wandern und zu Familienpicknicks einlädt.

Für süditalienische Verhältnisse vorbildlich ausgeschildert sind die Wanderwege, die vom Besucherzentrum des Nationalparks am Lago di Cecita ausgehen. Im *Posto di Ristoro* können Sie sich mit Wanderkarten, Käse und kalabrischem Bauernbrot versorgen. Am schönsten – außer nach der Schneeschmelze, da kann sie zum feuchten Abenteuer geraten – ist die Wanderung 3, die im Schatten von Erlen dem engen Flussbett des Cecita folgt. Eine ausführliche Beschreibung dieser Wanderung finden Sie im Kapitel „Ausflüge & Touren".

Insider Tipp

Eine sympathische, unkomplizierte Familiengaststätte an der Landstraße vom Lago di Cecita nach Longobucco mit gutem Lamm und Zicklein ist die *Trattoria Maria Otranto (Di geschl. | Cava di Mel's | Tel. 09 84 57 99 47 | €)*. Getrocknete und eingelegte Pilze gibt es in allen Silaorten, teilweise werden sie auch an Straßenständen angeboten.

Aus Cosenza führt die als Schnellstraße ausgebaute SS 107 in einer guten halben Stunde in den Parco Nazionale della Sila. Origineller ist jedoch die gemächliche Auffahrt (hin und zurück 3 Euro) mit dem nostalgischen Bummelzug der Ferrovie della Calabria (*www.ferroviedellacalabria.it*), der unterwegs in jedem Ort hält. Einmal täglich starten werktags die

Insider Tipp

Unterwegs in der Sila Grande: ein Hirte mit seiner Ziegenherde

Dieseltriebwagen am Bahnhof Cosenza Centro *(9.18 Uhr)*, um nach viel Belvedere, Wendetunneln und etlichen Kurven Camigliatello Silano *(10.33 Uhr)* zu erreichen. Zurück geht es um *13.06 Uhr (Cosenza an 14.18 Uhr)*.

Auskunft: *Informationsbüro des Parco Nazionale della Sila 12 km nordöstlich von Camigliatello Silano an der SS 177, Ortsteil Cuponello | www.parcosila.it*

PARCO NAZIONALE DELLA SILA

■ ZIELE IN DER SILA ■

CAMIGLIATELLO SILANO [118 C2]

Enthusiastisch schwärmen Werbe-prospekte von der „Schweiz Itali-ens", und in der Tat erinnern die Holzchalets im Sommer- und Winter-sportzentrum Camigliatello (1000 Ew.) vage an die Alpen. Als Ferienort nur mäßig charmant, bieten sich hier sehr gute Einkaufsmöglichkeiten für Pilzdelikatessen und handgewebte Stoffe, etwa bei *Mario Celestino (Via Roma 66):* Er verkauft auf Handweb-stühlen im nahen Longobucco gefer-tigte traditionelle Leinen-, Baum-woll-, Ginster- und Seidenstoffe.

Für Besucher, die über Nacht blei-ben wollen, empfiehlt sich das *Aquila & Edelweiss (40 Zi. | Via Sta-zione 13 | Tel. 09 84 57 80 44 | Fax 09 84 57 87 53 | €€),* ein renoviertes Traditionshotel mit hervorragendem Restaurant in Nähe des Bahnhofs der Ferrovie della Calabria.

Auf die Spuren des Reiseschrift-stellers Norman Douglas begibt sich der ▶▶ *Parco Letterario Old Cala-bria (Ortsteil Camigliati | Tel./Fax 09 84 57 82 00 | www.oldcalabria. org)* 2 km östlich von Camigliatello. Der im Grünen gelegene Palazzo ver-fügt neben einer gut sortierten Bi-bliothek und einer sehenswerten Fo-toausstellung über einige charmante Gästezimmer (€€). Im ehemaligen Kuhstall wurde 2006 das multimedi-ale Emigrationsmuseum *La Nave della Sila (Juni/Juli Fr–So 10–14 und 15.30–18.30 Uhr, Aug. tgl. 10–14 und 15.30–19.30 Uhr, Sept. Sa/So 10–14 und 15.30–18.30 Uhr)* eröffnet. Während man über das

> ## BÜCHER & FILME
> *Historische und aktuelle Eindrücke von der Stiefelspitze*

> **Old Calabria** – Leider nur im englischen Original lieferbar sind die literarischen Streifzüge des Norman Douglas, der Anfang des 20. Jhs. mit einer Mi-schung aus britischer Spleenigkeit, Gelehrsamkeit und Wanderlust über die völlig unerschlossene Stiefelspitze zog. Sie lesen sich auch ein Jahrhun-dert später immer noch erfrischend.

> **Das Engelsgesicht** – Harter Stoff: In diesem Buch schreibt Andreas Ulrich die wahre Lebensgeschichte des 'Ndrangheta-Killers Giorgio Basile auf.

> **Der Geschmack wilder Feigen** – Das moderne Kalabrien zwischen Aus-wanderung und Nostalgie fängt Carmine Abate frech und sensibel ein. Der 1954 in Carfizzi (Provinz Crotone) geborene, albanischstämmige Autor hat mit seinem Roman, der zum Teil in Köln spielt, auch nördlich der Alpen Furore gemacht.

> **Gianni Amelio** – Kalabriens bekann-tester Kinoexport ist Gianni Amelio. Der mehrfache Gewinner des Europä-ischen Filmpreises (u. a. 1993 mit „Gestohlene Kinder" und 1995 mit „Lamerica") spürt in seinen Filmen dem Süditalien seiner Kindheit nach.

> **Ein Junge aus Kalabrien** – Italien 1960: Anstatt für die Schule zu lernen, trai-niert Mimì gegen den Widerstand sei-nes Vaters lieber für die Olympischen Spiele. Der Film (1987) von Luigi Co-mencini ist längst ein Klassiker des italienischen Kinderfilms.

Deck eines Ozeandampfers schreitet, begleiten einen am Horizont Auswanderergeschichten. Enge, Lärm und Gestank im Unterdeck der dritten Klasse lassen sich in einem der „Schornsteine" erleben.

Auskunft: *Via Roma 5 | Tel. 09 84 57 81 54 | Fax 09 84 57 87 66 | www.inaltipiani.it*

GIGANTI DELLA SILA ⭐ [118 C2]

Lohnend ist der kurze Abstecher von Camigliatello zum Naturdenkmal der Giganti della Sila, wo auf einer kleinen Anhöhe bis zu 40 m hohe und 350 Jahre alte Schwarzkiefern einen Hain bilden. *Mai–Okt. tgl. 8–19 Uhr | Ortsteil Fallistro*

SAN GIOVANNI IN FIORE [119 D3]

Abendländische Geistesgeschichte wurde in San Giovanni in Fiore (19 000 Ew.) geschrieben: Der Zisterzienserabt Joachim von Fiore gehörte mit seiner Endzeitlehre von den drei gottgewollten Reichen zu den einflussreichsten Theologen des Mittelalters. Als einer der wenigen sprach er sich gegen die Kreuzzüge aus. Das von ihm gegründete Kloster im Tal unterhalb des modern-chaotischen Städtchens San Giovanni ist säkularisiert. Es beherbergt heute ein Forschungszentrum und das Volkskundemuseum *Museo Demologico (Mo bis Sa 8.30–18.30, Mitte Juni–Mitte Sept. auch So 9.30–12.30 und 15.30 bis 18.30 Uhr | Via Monastero).* Infos zum Ort und Führungen in der Abtei: *Associazione Fiorensia (Via Monastero, Abbazia Florense | Mobiltel. 34 77 81 73 98 | www.sgf-online.it).*

Deftige Sila-Bergküche, Pizza und offenen Wein bietet zwei Schritte von der Abtei die *Taverna del Brigante (Do geschl. | Via Monastero 5 |*

350 Jahre alt: die Giganti della Sila

Tel. 09 84 99 26 99 | €). Seit mehreren Generationen ein Garant für edles Goldgeschmeide ist *Spadafora (Via Roma 3)* in der Neustadt.

> BAUTEN AUS VIER JAHRTAUSENDEN

Die moderne Regionshauptstadt, eine uralte Hafenstadt der Griechen und Ferienorte am Ionischen Meer

> **Kostbare Seide hat Catanzaro einst reich gemacht.** Heute bestimmen die Verwaltung, die Uni und das Baugewerbe die neue Hauptstadt der Region. Auch Pythagoras' Wirkungsstätte Crotone präsentiert sich auf den ersten Blick als von mafioser Bauspekulation geprägter Betonwirrwarr, der ein liebevoll restauriertes Zentrum umwuchert.

Der hellenischen Antike nah ist man bei der einsamen Säule des Heratempels am Capo Colonna. Hier beginnt die schönste Küste des Ionischen Meers mit der Riserva Marina di Capo Rizzuto. Noch fast ein Geheimtipp sind die Bergstädtchen im Hinterland des Marchesato.

CATANZARO

 KARTE IN DER HINTEREN UMSCHLAGKLAPPE

[119 D5] 1970 hat Catanzaro (97 000 Ew.) Reggio als Hauptstadt Kalabriens abge-

Bild: Castello Aragonese in Le Castella

CATANZARO UND CROTONE

löst. **Hektische Bautätigkeit war die Folge.** Mittlerweile wuchert die chaotische Kapitale von dem auf einem Felsplateau in 340 m Höhe gedrängten *centro storico* bis zur Küste. Die Altstadt, von tief eingeschnittenen Flusstälern eingefasst, ist mit den neueren Stadtvierteln durch mehrere Brücken verbunden – der *Ponte Morandi* (1958–62) über den Fiumarella gilt als größter Brückenbogen Europas.

Die verheerenden Erdbeben 1638 und 1783 haben wenig vom alten Catanzaro, einst die Metropole der Seidenweberei, übrig gelassen. Auf dem Corso Mazzini zu flanieren, gleicht einer Zeitreise ins Fin de Siècle. Teils ramponiert, teils *in restauro* zeigen sich die Palazzi mit gründerzeitlichen Fassaden. Treffs der Einheimischen sind die *putiche*, kleine Osterien, in denen *murseddu* (geschmorte Kalbsinnereien) zum Wein serviert werden.

◼ SEHENSWERTES ◼

TEATRO POLITEAMA ⭐ ▶▶

Das 2002 eröffnete Stadttheater gehört zu den ehrgeizigsten Neubauten

DA PEPÈ

Eine der typischen Trattorien, wo es die *murseddu* gibt. *So geschl. | Vico I/ Piazza Roma 6 | Tel. 09 61 72 62 54 | €*

Hochmoderner Neubau: das Teatro Politeama von Stararchitekt Portoghesi

Italiens. Paolo Portoghesi hat ein maritim anmutendes Ensemble mit dem Grundriss einer Leier geschaffen, das einem Ozeandampfer gleicht. *Via Jannoni, www.politeamacatanzaro.net*

VILLA TRIESTE ✿

Vom Stadtpark bietet sich ein zauberhafter Fernblick auf die Sila Piccola. *Am Ostrand der Altstadt*

◼ ESSEN & TRINKEN ◼

LANZO CAFFÈ

Kaffee aus der eigenen Rösterei wird mit Soda zur erfrischenden *spuma di caffè* aufgespritzt. *Corso Mazzini 191*

DA SALVATORE

In dem bodenständigen Altstadtlokal zwischen Corso Mazzini und Teatro Politeama bekommen Sie auch Pizza. Zudem werden Zimmer vermietet. *Mo geschl. | Salita I del Rosario 28 | Tel. 09 61 72 43 18 | www.bandb-da salvatore.it | €*

◼ EINKAUFEN ◼

ARCADE

Hier können Sie nach edlem regionalem Kunsthandwerk stöbern: Pfeifen aus Bruyèrewurzelholz, Keramik aus Seminara und Seidenstoffe aus Cortale. *Corso Mazzini 41*

CATANZARO & CROTONE

◼ STRÄNDE ◼

Das stark verbaute Catanzaro Marina schreckt ab. Die nahen Stränce von Lido di Squillace, Copanello, Caminia und Pietragrande sind bei weitem vorzuziehen.

◼ AM ABEND ◼

CINEMA TEATRO MASCIARI ▶▶

Das 1925 im Art déco errichtete Theater ist heute ein Lichtspielhaus mit Patina. Bis spät geöffnet, ist die Bar Treffpunkt der lokalen Cineasten. Auch Jazzkonzerte. *Piazzale Le Pera 6 | Tel. 09 61 72 83 90*

ZULA FASHION CAFÉ ▶▶

Seit 2003 aalt sich die schicke Jugend bei House, Jazz und coolen Drinks auf Designermöbeln in den ehemaligen Stallungen des Palazzo Fazzari. *Salita Corso Mazzini 22*

◼ AUSKUNFT ◼

Via Spasari 3 (in der Galleria Mancuso) | Tel. 09 61 74 17 61 | Fax 09 61 72 79 73 | www.mycatanzaro.it

◼ ZIELE IN DER UMGEBUNG ◼

TAVERNA ★   [119 D4]

Die hübsche Kleinstadt (2700 Ew.) 30 km nördlich an den südlichen Abhängen der Sila Piccola prunkt mit Ölmalerei von Weltrang: Hier kam

1613 Mattia Preti, auch als Il Cavalier Calabrese bekannt, zur Welt. Seine Gemälde sind in den Kirchen und Museen des Ortes zu sehen. *Museo Civico Di–So 9–12.30 Uhr, April bis Okt. auch 16–19 Uhr | Palazzo San Domenico | www.museiditaverna.org*

VILLAGGIO MANCUSO   [118 C4]

Die Sommerfrische 45 km nördlich inmitten hoher Tannenwälder am Rand der Sila Piccola ist seit Anfang des 20. Jhs. ein beliebtes Naherholungsgebiet der Catanzaresen. Im Ortsteil Contrada Monaco liegt ein *Besucherzentrum (SS 179 dir km 14 | Tel. 09 61 92 20 30 | www.parcosila. it)* des Sila-Nationalparks. Dort bekommen Sie gratis Karten für die im Park angelegten Wanderwege.

CROTONE

[119 F4] Die uralte Hafen- und Industriestadt (60 000 Ew.), 708 v. Chr. von Griechen gegründet, ist zu neuem Selbstbewusstsein erwacht. Nach dem Sieg 510 v. Chr. über das bürgerlich-prassende Sybaris war die pythagoräisch regierte Stadt auf dem Höhepunkt ihrer Macht. Spanische Hafenbollwerke und Neubauten der unter dem Faschismus forcierten Industrialisierung haben von dem antiken Kroton

MARCO POLO HIGHLIGHTS

★ **Teatro Politeama**
Catanzaros modernes Opernhaus
(Seite 58)

★ **Castello Aragonese**
Die Piratenburg in Le Castella
(Seite 62)

★ **Capo Colonna**
Die einsame Griechensäule auf der
Landspitze (Seite 61)

★ **Taverna**
Ölmalerei von Weltrang in der
Sila Piccola (Seite 59)

wenig übrig gelassen. Im lebendigen, ansprechend restaurierten *centro storico* pulsiert junges italienisches Leben.

■ SEHENSWERTES ■

CASTELLO CARLO V

1541 auf der griechischen Akropolis errichteter mächtiger Wehrbau, in den zahlreiche Reste antiker Vorgängerbauten vermauert wurden. Von der ☀ Aussichtsterrasse schöne Blicke auf Stadt und Meer.

DUOMO DELL'ASSUNTA

Auch der Dom wurde unter Verwendung antiken Materials im 16. Jh. neu errichtet. Im Inneren wird die byzantinische Ikone der Madonna di Capo Colonna verehrt.

MUSEO ARCHEOLOGICO NAZIONALE

Ein Muss für Antikenfreunde! Neben Funden aus Kroton und Kaulonia Weihgaben vom Hera-Heiligtum am Capo Colonna. *Di–So 9–19.30 Uhr | Via Risorgimento 63*

■ ESSEN & TRINKEN ■

L'ANCORA

Das grandios gelegene Terrassenrestaurant beim Leuchtturm des Capo Colonna ist spezialisiert auf frischen Fisch, aber abends bekommen Sie hier auch köstliche Holzofenpizza. *Mai–Sept. tgl., sonst Mo–Fr geschl. | Via per Capo Colonna | Tel. 09 62 93 41 21 | €€–€€€*

AL MIO RISTORANTE

Einheimische schätzen die ehrliche Fischküche nur ein paar Schritte von der Piazza Pitagora. *So geschl. | Via M. Nicoletta 8–10 | Tel. 096 22 17 36 | €–€€*

■ ÜBERNACHTEN ■

CONCORDIA ☏

Traditionshotel in zentraler Lage gegenüber vom Dom. Hohe, geräumige Zimmer, renovierte Bäder. *15 Zi. | Piazza Vittoria 12 | Tel. 096 22 39 10 | www.hotelconcordia kr.it | €€*

Vitales modernes Leben in einer uralten Stadt: Straßenmarkt in Crotone

CATANZARO & CROTONE

◼ STRÄNDE ◼

Ein kilometerlanger, breiter Sandstrand erstreckt sich zwischen Crotone und dem Capo Colonna, im Sommer gesäumt von *lidi*, den typisch italienischen Badeanstalten mit Liegestuhl- und Sonnenschirmverleih.

◼ AM ABEND ◼

Im Sommer ist im Stadtpark immer was los, von Open-Air-Kinovorstellungen bis zum Kroton-Jazz-Festival im August.

◼ AUSKUNFT ◼

Via Torino 148 | Tel. 096 22 31 85 | Fax 096 22 67 00 | www.provincia. crotone.it/infoturismo

◼ ZIELE IN DER UMGEBUNG ◼

CAPO COLONNA ★ ☀ [119 F4]
Auf der östlichsten Landspitze Kalabriens, 11 km südöstlich von Crotone, erhob sich im Altertum ein berühmtes Heiligtum der Hera. Eine einzige aufrecht stehende dorische Säule kündet noch von seiner Pracht.

CIRÒ [119 F2]
Kalabriens berühmtestes Weingebiet 35 km nördlich. Kellereien wie *Librandi (www.librandi.it)* oder *Caparra & Siciliani (www.caparraesiciliani.it)* knüpfen erfolgreich an die schon in der Antike begründete Weinbautradition an.

LE CASTELLA

[119 E5] Eine Burg aus salzzerfressenem Sandstein im blauen Meer, ein paar moderne Ferienhäuser, gute Fischrestaurants und ein Piratendenkmal: Das ist Le Castella (13 000 Ew.). Im Juli und Au-

Vom Heratempel am Capo Colonna blieb nur eine einsame Säule übrig

gust ein turbulenter Touristenort, bleibt Le Castella, Ortsteil von Isola di Capo Rizzuto, den Rest des Jahres, was es immer war: ein beschauliches Fischerstädtchen. Von hier aus kann man Segeltouren in den Meerespark von Capo Rizzuto unternehmen.

■ SEHENSWERTES ■

CASTELLO ARAGONESE ★

Malerisch erhebt sich die Aragoneserburg auf einem Sandsteinfelsen vor der Küste. Im 16. Jh. errichtet, sollte sie den Piratenüberfällen trotzen. *Tgl. 9–13 und 15–20, im Sommer 9–24 Uhr*

■ ESSEN & TRINKEN ■

L'ANCORA 🔅

Panoramarestaurant am Leuchtturm von Capo Rizzuto, eine sichere Adresse für frischen, delikat zubereiteten Fisch. *Mo geschl. | Tel. 09 62 79 92 53 | €€*

LA SCOGLIERA 🔅

Nicola Tolone serviert ausschließlich frischen Fisch, der hier mit großem Einfallsreichtum zubereitet wird. Für seine Gäste organisiert er Bootsausflüge mit Fischern. Außerdem vermietet er Gästezimmer im Fischerviertel. *In der Saison tgl. | Via Scogliera | Tel./Fax 09 62 79 50 71 | www.ristorantelascogliera.it | €€€*

Insider Tipp

■ ÜBERNACHTEN ■

AURORA

Freundliche Gartenvilla am westlichen Ortsrand von Le Castella. Der schöne Strand mit Blick auf das Kastell ist zu Fuß zu erreichen. Nette Zimmer, ausgezeichnetes Restaurant. *13 Zi. | Via Volandrino | Tel./Fax 09 62 79 51 37 | www.hotelvillaaurora.it | €€*

IL SUBACQUEO ▶▶

Angenehmer Campingplatz direkt über einer tollen Sandbucht. Zeltplätze und Bungalows, dazu eine Tauchstation. *Juni–Sept. | Ortsteil Marinella | Tel. 09 62 79 98 16 (im Winter 09 62 96 39 95) | €*

■ FREIZEIT & SPORT ■

Die Riserva Marina Capo Rizzuto ist ein Dorado für Wasserratten und

>LOW BUDGET

> Viel günstiger als an der Küste und mit bestem Blick residiert man im 240 m hoch gelegenen Badolato Borgo. *Domenico Leuzzi (Piazza Castello 16 | Tel. 09 67 81 58 07 | www.costadegliangeli.com)*, der auch Deutsch spricht, vermietet hier hübsch eingerichtete, geschmackvoll restaurierte Altstadthäuser. Mit guten (Strand-)Tipps macht er seinen Gästen den Aufenthalt so angenehm wie möglich.

> Wenn von Mitte Juni bis Ende August die Badeanstalten am so belebten wie beliebten Strand von Copanello die kostenpflichtigen Schirme und Liegestühle aufschlagen, bleibt am traumhaft schönen, südlich der Punta Stalettì gelegenen ▶▶ Lido di Caminia – ein Treffpunkt der Surfszene – immer noch ein Plätzchen frei.

> Knusprige, billige Holzofenpizza aus flinken Frauenhänden gibt es in Crotone im *La Nuova Scarampola (Di geschl. | Via Carrara 9/11 | Tel. 096 22 58 18 | €)*.

Schnorchler. Die Parkverwaltung *(Piazza Ucciali | Tel. 09 62 79 55 11 | www.riservamarinacaporizzuto.it)* vermittelt Kontakt zu Tauchschulen, die Segelschule *Ostro (Via Ucciali 16 | Mobiltel. 33 57 72 92 35 | www.ostro.it)* offeriert Yachtcharter und Bootsausflüge in die Riserva Marina.

■ STRÄNDE ■

Im Westen von Le Castella zieht sich ein Sandstrand mit Traumblick auf das Kastell, die Kinder des Ortes tummeln sich in Hafennähe an den Felsen der *scogliera*. Die tollen Buchten zwischen Le Castella und Capo Colonna sind nur mit eigenem Fahrzeug bzw. vom Meer zu erreichen.

■ AUSKUNFT ■

Via Duomo 1 | Tel. 09 62 79 53 20 | www.lecastella.info

SANTA SEVERINA

[119 E3] ☼ **Umgeben von Oliven- und Orangenhainen, erhebt sich das hübscheste Städtchen (2600 Ew.) des Marchesato – so heißt das gewellte, von Kornfeldern geprägte Hinterland von Crotone – wie eine Märchenfestung auf einer gewaltigen Bergkuppe. Im 11. Jh machte Robert Guiscard die Stadt zu einer der Metropolen seines Normannenreichs.**

■ SEHENSWERTES ■

CASTELLO

Die Trutzburg ist nach gelungener Restaurierung ein Paradebeispiel für Wehrarchitektur. *Tgl. 9–13 und 15 bis 20 (Nov.–März 15–18) Uhr*

SANTA FILOMENA

Die Kuppelkirche ist ein seltenes Kleinod byzantinischer Baukunst aus dem 11. Jh. *Wenn nicht geöffnet, bei der Kustodin Teresa Misiti (Hausnummer 4 gleich gegenüber) klingeln*

Santa Severina: eingebettet in Oliven- und Orangenhaine

SANT'ANASTASIA UND BATTISTERO

Die Ende des 13. Jhs. errichtete Kathedrale wurde äußerlich fast vollkommen barockisiert. Ein kunstgeschichtliches Juwel ist die angrenzende Taufkapelle, eine umgewidmete byzantinische Kuppelkirche des 8. Jhs. mit antiken Säulen.

■ ESSEN & TRINKEN ■

LE GROTTE

Insider Tipp

Im *Ostello-Centro di degustazione prodotti tipici* offeriert die Cooperativa Neophron zu fairen Preisen kulinarische Spezialitäten des Marchesato. Auch Übernachtungsplätze. *Mai–Aug. tgl., Sept.–April Fr–So abends und So mittags | Vico San Martino | Mobiltel. 33 95 24 00 75 | €–€€*

■ ÜBERNACHTEN ■

LE PUZELLE

Von Oliven- und Zitrushainen umgebener *agriturismo* zu Füßen der Stadt, 2 km nördlich vom Zentrum. Mit Schwimmbad. *7 Zi. | Ortsteil Le Puzelle (SS 107 bis) | Tel. 096 25 10 04 | www.lepuzelle.it | €€*

■ FREIZEIT & SPORT ■

ARISTIPPO

Die Kooperative mit Sitz in der Burg *(Tel./Fax 096 25 10 69, Mobiltel. 33 94 05 16 32 | www.aristippo.it)* bietet Führungen im Ort an und vermittelt Unterkünfte. Außerdem fungiert sie als örtliche Auskunftsstelle.

NEOPHRON

Die Kooperative, die auch das *Centro di degustazione prodotti tipici* in der Altstadt führt, bietet Wanderungen auf den Monte Fuscaldo an. *Via Catona 9 | Tel./Fax 09 62 55 88 04, Mobiltel. 33 32 41 75 56 | www.ceadel marchesato.com*

SQUILLACE

[118 C5–6] **Erbe des antiken Skylletion (Scolacium), ist der Bischofssitz (3400 Ew.) einer jener Orte, die im Mittelalter von der Küste in sichere Berglage verlegt wurden.** Vom ☀ *Castello Normanno (Juni–Sept. tgl. 9–13 und 15–20, Okt. bis Mai 10–12 und 16–18 Uhr)* bietet

sich ein prächtiger Fernblick auf den Golf von Squillace. Interessanter als der neoromanische Dom sind die zahlreichen Töpfereien im Ort.

■ SEHENSWERTES ■

MUSEO NATURALISTICO ☀

Inside Tipp

Ein ehemaliger Minister des Ostgotenkönigs Theoderich gründete im 6. Jh. nahe seinem Heimatort eine Klosterschule, die zu einem der wichtigsten Mittler antiker Bildung wurde. Wo einst das Kloster stand, hat Libero Gatti in Privatinitiative ein sehenswertes Naturkundemuseum geschaffen. Ein Augenschmaus sind auch die Blicke auf die darunterliegenden Strände von Copanello. *Tgl. 16–19 (Juli/Aug. 16–23) Uhr | Piazzale Elvira Marincola Cattaneo 4 | Copanello-Staletti*

■ ESSEN & TRINKEN ■

CABAÑA ☀

Das Terrassenlokal liegt 10 km westlich am Strand von Caminia. Exzellente Fischküche mit Blick aufs Meer. *Im Winter Mo–Do geschl. | Via del Mare | Caminia | Tel. 09 61 91 10 93 | €€*

PORTA GIUDAICA

Die freundliche Altstadttrattoria serviert hausgemachte Pasta, Wildschwein aus den Serre und frischen Fisch. *Di geschl. | Via Porta Giudaica 8 | Tel. 09 61 91 25 00 | €€*

■ EINKAUFEN ■

IDEART

Hier wird traditionelle Keramik in einem Holzofen aus dem 17. Jh. gebrannt. *Do geschl. | Via F. Pepe (Largo Toretta)*

CATANZARO & CROTONE

■ ÜBERNACHTEN

BORGO PIAZZA ❄

Von Oliven, Zitrusfrüchten, Mandeln und Feigenkakteen umgebener Gutshof mit schönem Blick über den Golf. Zimmer im Gutshaus bzw. in der freundlichen Bungalowanlage direkt am Meer. Stellplätze für Zelte und Sportmöglichkeiten. *9 Zi. | Vallo*

■ STRÄNDE

Beliebt sind die Sandstrände Copanello und Caminia an der Punta di Staletti.

■ AM ABEND

BABYLON ▶▶

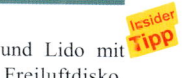

Tagsüber Restaurant und Lido mit Barbetrieb, nachts Freiluftdisko.

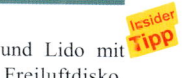

Bei Einheimischen wie Urlaubern beliebt: Lido di Caminia bei Squillace

di Borgia (Zufahrt von der SS 106) | Tel. 09 61 39 12 16 | www.borgopiazza.it | €€

IL GABBIANO

Gepflegtes Hotel mit gutem Fischrestaurant am Strand von Copanello. Der hilfsbereite Besitzer spricht Deutsch. *22 Zi. | Via Lido 4 | Copanello Lido | Tel. 09 61 91 13 43 | www.hotelilgabbiano.it | €€*

Juli–Mitte Sept. | Lido di Pietragrande | www.babylondisco.net

■ ZIEL IN DER UMGEBUNG

PARCO ARCHEOLOGICO DI SCOLACIUM   [119 D5]

An der SS 106 in einem Olivenhain bei Lido di Squillace die Ruinen einer riesigen Basilika und die Reste des römischen Scolacium. *Tgl. 9 Uhr–1 Std. vor Sonnenuntergang*

> KLIPPENKÜSTE, SANDSTRÄNDE UND FISCHERSTÄDTCHEN

An der Küste um die beliebten Urlaubsorte Pizzo, Scilla und Tropea und um das Capo Vaticano werden Strandträume wahr

> **Traumhafte Sandstrände, spektakuläre Klippen und blitzsauberes Meer. Die nächste Großstadt ist weit, der internationale Flughafen Lamezia Terme hingegen nah. Diese Kombination hat Tropea an der Costa degli Dei, der „Götterküste", zu einem Magneten sonnenhungriger Pauschalurlauber gemacht.**

Hier finden Urlaubsgäste eine ausgezeichnete touristische Infrastruktur, vom Campingplatz bis zum Luxushotel, vom kleinen Handwerksladen bis zur schicken Strandmodeboutique, vom Beachvolleyball bis zum Segeltörn. Der besondere Reiz Tropeas liegt auch in den vielfältigen Ausflugsmöglichkeiten, sei es mit dem Fischerboot zu den Felsstränden des Capo Vaticano oder mit der Leihvespa oder dem Mietwagen ins bäuerliche Hinterland.

Daneben lohnt die Fahrt zu den hübschesten Hafenstädtchen der Region, nach Pizzo mit seinen verführe-

Bild: Capo Vaticano

TROPEA UND COSTA VIOLA

rischen Eissalons oder in die an die steile Costa Viola geklammerten Fischerorte Scilla und Bagnara Calabra, von denen aus man mit etwas Glück beim violetten Sonnenuntergang den Schwertfischjägern zuschauen kann.

PIZZO

[121 D1] Pizzo (8500 Ew.) präsentiert sich als charmantes Städtchen, das hoch über dem Golf von Sant'Eufemia schwebt – a pizzo eben, denn das italienische Wort bedeutet genauso wie Pik oder Piz in den Alpen „Spitze". Ein typisch italienischer Freiluftsalon ist die zentrale Piazza della Repubblica mit zahlreichen Eisdielen. Die *gelaterie* hüten eifersüchtig ihr Rezept für das nougatdunkle Trüffeleis *tartufo,* das hier erfunden worden sein soll. In Pizzo Marina locken Klippen und lange Sandstrände.

PIZZO

■ SEHENSWERTES ■

CASTELLO ARAGONESE

Die Festung mit den zwei Rundtürmen entstand 1486 im Rahmen des aragonesischen Küstensicherungsprogramms. Hier wurde Joachim Murat, der in diamantengeschmückter Königsuniform in der Hoffnung auf einen Aufstand gelandet war,

CHIESETTA DI PIEDIGROTTA

Inside Tipp

Volksfrömmigkeit und Phantasie haben diese aus dem Fels gehauene Grottenkirche nördlich des Orts am Meer geschaffen. Im 17. Jh. weihten neapolitanische Matrosen sie zum Dank für Rettung aus Seenot. Ende des 19. Jhs. begann der kalabrische Baumeister Angelo Barone, Dutzen-

Aus dem Tuffstein gemeißelt: Heiligenfiguren in der Chiesetta di Piedigrotta

festgesetzt und nach wenigen Tagen auf Befehl aus Neapel hingerichtet. Die Einwohner von Pizzo bekamen als Lohn für ihre Bourbonentreue ein Jahr lang kostenlos Salz. *Tgl. 9–13 und 15.30–19 (im Sommer bis 24) Uhr | Piazza B. Musolino*

de von naiven Heiligenfiguren aus dem weichen Tuffstein zu meißeln. Nachfahren fügten später ein Medaillon von Papst Johannes XXIII. sowie Statuen von John F. Kennedy und Fidel Castro hinzu. *Tgl. 9–13 und 15 bis 17.30 (im Sommer bis 19.30) Uhr*

> *www.marcopolo.de/kalabrien*

ESSEN & TRINKEN

ANTICA GELATERIA BELVEDERE ★

Eis in der vierten Generation. Die Spezialität ist auch hier der *tartufo. Di geschl. | Piazza della Repubblica 43–44*

LA RUOTA

Lokale Fischküche und abends Holzofenpizza. *Mi geschl. | Piazza della Repubblica 36 | Tel. 09 63 53 24 27 |* €€–€€€

EINKAUFEN

ALIMENTARI GALEANO

Thunfisch aus Pizzo, in Gläsern in Olivenöl eingelegt. *Via San Francesco 22–24*

ÜBERNACHTEN

A CASA JANCA

Agriturismo mit ausgezeichnetem Restaurant in schönem Garten im Ortsteil Marinella. Kinder sind herzlich willkommen, Hunde auch. *7 Zi. | Riviera Prangi | Tel./Fax 09 63 26 43 64 |* €€€

STRÄNDE

Am nördlichen Ortsrand erstreckt sich direkt vor der Chiesetta di Piedigrotta ein schöner öffentlicher Sandstrand mit Duschen.

AUSKUNFT

Via S. Francesco 77/79, Tel. 09 63 53 13 10 | www.pizzocalabro.it

ZIELE IN DER UMGEBUNG

FRANCAVILLA ANGITOLA [121 E1]

Mehr als 1000 Bewohner des 15 km nordöstlich von Pizzo gelegenen Orts sind vor dem Ersten Weltkrieg nach Übersee ausgewandert – vor allem in die USA und nach Brasilien. Besucher aus aller Welt kommen heute in das kleine Auswanderermuseum von Francavilla *(Museo dell'Emigrazione | Mo–Fr 9–12 und 16–19 Uhr | Palazzo Mannaccio | www.francavillaangitola.com)*, das bereits Ausstellungen in New York und auf Ellis Island organisiert hat.

VIBO VALENTIA [121 D2]

Das Kürzel VV auf dem Autokennzeichen bezeichnet die 10 km südwestlich gelegene hübsche Provinzhauptstadt Vibo Valentia (35 000 Ew.). In der Oberstadt sieht man vom normannisch-staufischen Kastell *(Museo Archeologico Statale Vito Capialbi | tgl. 9–18.30 Uhr, im Sommer länger)* bei guter Sicht bis zum schneebedeckten Ätna. *Filippo's (So-Abend geschl. | Corso Umberto I 128 | Tel. 096 34 48 70 | €)* ist eine klei-

MARCO POLO HIGHLIGHTS

★ Antica Gelateria Belvedere
Seit vier Generationen ein Eismekka am Meer in Pizzo (Seite 69)

★ Capo Vaticano
Ein Felskap der Superlative mit verschwiegenen Badebuchten (Seite 75)

★ Chianalea
Fischerromantik ist hier in Scilla Alltag (Seite 70)

★ Santa Maria dell'Isola
Nicht nur Fotografen pilgern zu der Bilderbuchkirche in Tropea hoch über dem Meer (Seite 73)

SCILLA

Der breite Sandstrand im Ort ist einer der Trümpfe von Scilla

ne, feine *wine bar* im Altstadtzentrum mit kalabrischen Spezialitäten für den kleinen und großen Hunger.

Im Hafen von *Vibo Marina* ankern schicke Yachten, und täglich wird frischer Fisch angelandet. Feinschmeckerlokale wie das *L'Approdo (tgl. | Via Roma 22 | Tel. 09 63 57 26 40 | €€€)* ziehen Gäste von weit her an.

SCILLA

[120 B4] **Hoch überragt der markante Burgfels des Castello Ruffo das pittoreske Fischerstädtchen (5500 Ew.).** Scilla trägt den Namen des sechsköpfigen homerischen Ungeheuers Skylla, das zu Odysseus' Zeiten zusammen mit der Charybdis die Straße von Messina im Würgegriff hielt. Von der Piazza vor der Kirche San Rocco bietet sich in den Abendstunden der berühmte „violette Blick" auf die Meerenge hinüber nach Sizilien. Das verwinkelte Fischerviertel Chianalea, eine Hochburg des Schwertfischfangs, könnte jederzeit die Kulisse für eine

Zelluloidromanze liefern. Im Westen der Burg erstreckt sich der bei einheimischen Familien beliebte Sandstrand der Marina Grande. Scilla ist bei Surfern und Tauchern gleichermaßen angesagt.

◼ SEHENSWERTES

CASTELLO DEI RUFFO
Schon in altgriechischer Zeit trug der Burgberg eine Festung, die später von Normannen und Spaniern ausgebaut wurde. Ein Teil der Anlage ist im Besitz der italienischen Marine, der Rest wird für Ausstellungen und kulturelle Aktivitäten genutzt *(Di–So 9.30–12.30 und 15–18 Uhr)*. In der *Chiesa dell'Immacolata* am Fuß der Burg beeindruckt ein riesiges Apsismosaik von 1986: Maria schwebt über einer bunten Ortsansicht von Scilla.

CHIANALEA ⭐
Trocknende Netze, bunt lackierte Boote, vielleicht auch ein Schwertfischkopf auf wackligem Holztisch –

❯ *www.marcopolo.de/kalabrien*

TROPEA & COSTA VIOLA

die Atmosphäre in Scillas verschachteltem Fischerviertel, das sich in die kleine Bucht unterhalb der Kathedrale und des Kastells schmiegt, ist authentisch mediterran geblieben. Plaudern Sie erst mit den *pescatori*, bevor Sie auf den Auslöser drücken! Und Achtung: Nicht in jeder Piratenkneipe wird der Fisch auch frisch serviert!

■ ESSEN & TRINKEN

DA PIPPO
Das kleine Ristorante an der Uferpromenade kann auf seine ehrliche Fischküche stolz sein. *Do geschl.* | *Lungomare Cristoforo Colombo* | *Tel. 09 65 75 43 23* | €€€

ZANZIBAR
Hier gibt es die beste *granita*. *Mo geschl.* | *Lungomare Cristoforo Colombo* | *Tel. 09 65 75 46 51*

■ ÜBERNACHTEN

U BAIS 🔊
Das neue Haus zwischen Bahnhof und Strand ist wegen seines neobarocken Dekors bei italienischen Hochzeitspärchen beliebt. *21 Zi.* | *Via Nazionale 65* | *Tel. 09 65 70 43 00* | *Fax 09 65 70 42 98* | *www.hotelu bais.it* | €€€

LE SIRENE
Taucher und Traveller bevorzugen die Pension in Bahnhofsnähe wenige Schritte vom Strand. *14 Zi.* | *Via Nazionale 57* | *Tel. 09 65 75 40 19* | *www.albergolesirene.com* | €

■ STRÄNDE
Ein breiter Sandstrand erstreckt sich im Westen des Kastells.

■ AUSKUNFT
Via R. Minasi | *Tel. 09 65 75 40 03* | *www.scillaonline.it*

■ ZIELE IN DER UMGEBUNG

BAGNARA CALABRA [120 B–C4]
Zwischen zwei terrassierten Felsspornen eingeklemmt liegt 10 km nordöstlich Bagnara (11 000 Ew.), in dessen Hafen Dutzende Fischkutter und die typischen *passerella*-Boote mit Schwindel erregenden, 20 m hohen Ausgucktürmen ankern, wenn sie nicht gerade Jagd auf den Schwertfisch machen. ==Der frische Fang wird zum Teil von temperamentvollen Fischerfrauen am Straßenrand verkauft.== **Insider Tipp** Anfang Juli wird die *Sagra del Pesce Spada* gefeiert, dann wird Schwertfisch mit Kapern und roten Zwiebeln auf offener Straße verzehrt. Lecker ist auch *torrone*, das lokale Krokant *(Pasticceria Cardone* | *Corso Vittorio Emanuele 61).*

SEMINARA [120 C4]
Inmitten herrlicher alter Olivenhaine liegt knapp 25 km nordöstlich 290 m

> LOW BUDGET

> In Tropeas *Piccola Università Italiana* (s. S. 75) Italienisch lernen und dabei Geld sparen: Zwar bleiben die Kurskosten übers Jahr gleich, doch sind von Oktober bis Mai die Übernachtungskosten deutlich günstiger.

> Zünftig und für wenig Geld können Sie im *Vecchio Forno* (in der Saison *tgl. abends* | *Via Caivano* | €), der letzten alten Backstube Tropeas, knusprige Pizza und im Ofen gebackenes Gemüse essen.

hoch das Korbflechterstädtchen. Es ist bekannt als Heimat des Mönchs Barlaam, des Griechischlehrers von Francesco Petrarca, dem berühmten Dichter aus dem 14. Jh. Ein Traditionshandwerk ist hier auch die Keramikkunst. Versäumen Sie nicht, einen Blick in das Atelier von *Paolo Condurso (Via Barlaam 30)* zu werfen.

Insider Tipp

TROPEA

[120 C2] **Die stolze Stadt (7000 Ew.) über dem Meer hat sich seit den Siebzigerjahren zu Kalabriens Tourismusziel Nummer eins entwickelt.** Neben dem lässigen Flair der Altstadt mit ihren Adelspalazzi, Trattorien, Handwerksläden und Modeboutiquen verfügt der Ort über ein breites Angebot an Hotels, Pensionen und Ferienclubs. Größtes Kapital Tropeas sind gepflegte Sandstrände, die aus der Stadt über Treppenwege und eine blumenüberwucherte Uferpromenade bequem zu Fuß zu erreichen sind. Hier gibt es echt italienisches Strandleben mit bunt gestreiften Liegestühlen, Melonenverkäufern und kecken Papagalli. Im Sommer werden Tagesausflüge mit dem Schnellboot zur Vulkaninsel Stromboli angeboten (Kenner bleiben über Nacht!).

Im Juli und August ist die Altstadt für den Autoverkehr gesperrt. In diesen Monaten sind Tropeas Strände und die abendliche ☼ Flaniermeile Corso Vittorio Emanuele, an deren Ende der berühmte Terrassenblick auf die Kirche Santa Maria dell'Isola lockt, häufig überfüllt. Dafür sorgen die vielen einheimischen Touristen für mediterranes Nachtleben.

■ SEHENSWERTES

DUOMO

Trotz mehrerer Erdbebenschäden präsentiert sich die Kathedrale als imposantes Bauwerk. Anfang des 20. Jhs. wurde sie im normannisch-histo-

Im Hochsommer für den Autoverkehr gesperrt: Tropeas Bummelmeile Corso Vittorio Emanuele

TROPEA & COSTA VIOLA

ristischen Stil erneuert. Hoch verehrt ist die um 1330 gemalte Ikone der Madonna della Romania über dem Hochaltar: Hat sie doch Tropea vor weiteren Erdbeben und wohl auch dem Explodieren zweier amerikanischer Fliegerbomben bewahrt, die zu martialischen Votivgaben geworden sind.

SANTA MARIA DELL'ISOLA ⭐

Das bekannteste Kalendermotiv Kalabriens: Die Benediktinerkapelle thront auf einem von Kapernsträuchern und Wolfsmilch überwucherten Sandsteinfelsen unmittelbar unterhalb der Altstadt über dem Meer. Über einen Traumstrand mit Liegestühlen und bonbonfarbenen Fischerbooten, der erst vor 200 Jahren angespült wurde, kann man heute trockenen Fußes zu der hübschen ✿ Terrasse des Gotteshauses hinüberwandeln. *Wird zzt. restauriert. wieder zugänglich ca. ab Sommer 2008*

DA CECÈ

Der Tradition verpflichtete, gehobene Küche und Piazzaflair. *Mai–Sept. tgl. | Largo Toraldo Grimaldi | Tel. 09 63 60 32 19 | €€–€€€*

OSTERIA DEL PESCATORE

Rustikaler Familienbetrieb. Den Fisch liefert der Vater der Köchin wenn möglich täglich frisch. Außerdem einfache, delikate Gemüsegerichte, dazu ein offener Wein. *Außer Juli/Aug. mittags geschl. | Via del Monte 7 | Tel. 09 63 60 30 18 | €€–€€€*

PIMM'S

Edel, teuer und gut: Fischristorante mit tollem ✿ Belvedere. *Mo geschl. | Largo Migliarese 2 | Tel. 09 63 66 61 05 | €€€*

TRE FONTANE

Trattoria mit Piazzaflair und leckeren Pasta- und Fischgerichten. *Di geschl. | Corso Vittorio Emanuele | Tel. 096 36 14 19 | €€*

▮ EINKAUFEN ▮

ALIMENTARI PANDULLO

Insider Tipp

An Touristengeschäften mit Souvenirs und Tand herrscht in Tropea kein Mangel. In diesem urigen Laden am Altstadtrand bekommen Sie hingegen beste lokale Würste und Käse. *Tgl. 8–21 Uhr, im Sommer bis 24 Uhr | Largo San Michele 20*

▮ ÜBERNACHTEN ▮

NEW PARADISE

Campingplatz und Ferienclub im Grünen mit schönem Blick oberhalb der Marina. *20 Apartments | Ortsteil La Grazia | Tel. 096 36 25 77 | Fax*

096 36 18 41 | *www.newparadisetropea.it* | €

ROCCA NETTUNO
Gepflegte Ferienanlage für Pauschaltouristen mit Strandzugang, Sport- und Freizeitprogramm. *262 Zi. | Via Annunziata 18 | Tel. 09 63 99 81 11 | Fax 09 63 60 35 13 | www.roccanettuno.com* | €€

TERRAZZO SUL MARE ✵
Modernes, familiengeführtes Panoramahotel am Ortsrand. Treppen zum Strand. *34 Zi. | Via Libertà 35 | Tel./Fax 096 36 10 20* | €€–€€€

RESIDENZA LA VIGNA
Von Oliven und Orangen umgeben, liegt das gepflegte Anwesen oberhalb der SS 522 3 km östlich in Parghelia. Apartments mit kleiner Küche, schöner Garten. Im Juli/August Mindestmietzeit eine Woche. *10 Zi. | Ortsteil Tonnara | Tel. 09 63 60 04 44 | Fax 09 63 60 17 00 | www.residenzalavigna.it* | €€

VILLA GIADA
Bed and Breakfast in Traumlage am Strand; die Altstadt ist zu Fuß über Treppenwege zu erreichen. Ideal auch mit Kindern. *8 Zi. | Marina del Convento | Tel. 09 63 60 70 50, Mobiltel. 32 00 51 83 22 | www.villagiadatropea.com* | €€€

◼ FREIZEIT & SPORT ◼
Im Sommer gut organisiertes Beachlife. Mieten Sie sich eine Vespa oder ein Mountainbike, und erkunden Sie das Hinterland *(La Torre | Via F. Barone | Tel./Fax 096 36 11 63; Tropea 1 | Via Libertà 71 | Tel. 09 63 66 68 31 | Fax 09 63 60 90 42 | www.tropea1.com).* Wandertipps fürs Hinterland

Die feinsandigen Strände um Tropea und Capo Vaticano haben die Gegend zu Kalabriens beliebtester Urlaubsregion gemacht

TROPEA & COSTA VIOLA

finden Sie auch auf der Website *www.tropeatrekking.it*.

PICCOLA UNIVERSITÀ ITALIANA

Freundliche Sprachschule in der Altstadt: Professionelle Kurse, Anreise und Unterkunft werden auf Wunsch organisiert, abwechslungsreiches Freizeitprogramm. *Largo Antonio Pandullo 5 | Tel. 09 63 60 32 84 | Fax 096 36 17 86 | www.caffeitalianoclub.net, www.piccolauniversitaliana.com*

■ STRÄNDE

Treppenwege führen direkt aus der Stadt in wenigen Minuten zu den schönsten Sandstränden zu beiden Seiten des Isolafelsens hinab.

■ AM ABEND

Im Sommer spielt sich das Nachtleben auf offener Straße ab. Angesagte Treffpunkte sind das *Café de Paris*, die *Bar Papillon* und bis in die Puppen die ▶▶ *Caffeteria Waffelmanic*.

■ AUSKUNFT

Piazza Ercole 29 | Tel./Fax 096 36 14 75 | www.prolocotropea.eu

■ ZIELE IN DER UMGEBUNG

BRIATICO [121 D1]

An einem Küstenstrich mit zauberhaft schönen Stränden liegt 15 km östlich in Briatico die ehemalige Thunfischfabrik *Tonnara di Sant'Irene*. Seit der Antike wird an dieser Küste Thunfisch gefangen. Aus römischer Zeit stammen Felsbecken im Meer, in denen Fische eingesalzen wurden. Bei Einheimischen beliebt ist die Sandbucht zu Füßen des verfallenen Küstenwachtturms La Rocchetta.

Insider Tipp

CAPO VATICANO ★ ☀ [120 C2]

Ein Geheimtipp ist das 10 km südwestlich gelegene Capo Vaticano längst nicht mehr, aber es bietet Bootsfahrern, Wasserratten und Wanderern immer noch tolle Klippen und intime Badebuchten. Leider ist die sanft ansteigende Küstenlandschaft zu beiden Seiten des Kaps zersiedelt. Viele Bauern haben sich im Lauf der Zeit zu Kleinhoteliers gewandelt. Campingplätze, die allmählich in Bungalowanlagen umgewandelt werden, Pensionen und Trattorien mit Aussicht auf das grandiose Küstentheater prägen das Bild. Während Badebuchten wie die *Spiaggia di Grotticelle* bei Santa Maria im Sommer aus allen Nähten platzen, sind Bergorte wie *Coccorino* oder *Spilinga* (die Heimat der höllenscharfen *'nduja*-Wurst) noch recht archaisch.

NICOTERA ☀ [120 C2]

Das hübsche Städtchen (7500 Ew.) 30 km südlich schwebt als Belvedere über dem Golf von Gioia Tauro. Tropeatouristen tauchen hier ein ins „echte" Kalabrien. Ein Bummel durch das *centro storico* führt durchs alte Judenviertel *Giudecca* und zum Kastell. Einen wichtigen Erwerbszweig bilden immer noch die Granitbrüche; sorgfältig behauene Barockportale zieren Palazzi und Kirchen.

ZUNGRI [120 C2]

Aus der Ortsmitte des 20 km östlich gelegenen Zungri führen die braunen Hinweisschilder „Insediamento rupestre", vorbei an der Kirche Santa Maria della Neve, zu einer Grottenstadt aus byzantinischer Zeit *(www. comunezungri.it)*.

Insider Tipp

> DIE SPITZE DES STIEFELS

Bergamotten und Brigantennester im rauen Aspromonte, Sizilienblick und antike Bronzekrieger in Reggio di Calabria

> Im tiefsten Süden, an den Küsten des Festlands, die Afrika am nächsten sind, schockiert das unvermittelte Nebeneinander atemraubender Schönheit und liebloser Betonverschandelung.
Traumblicke an der Jasminküste, der Costa dei Gelsomini, und Haine voll kostbarer Bergamotten wechseln sich mit halb fertigen Bauruinen und in die Landschaft geklotzten Billig-ferienhäusern ab. Die steilen Abhänge des Aspromonte lassen nur ei-

nen schmalen Küstenstreifen frei. Hier drängt sich alles, die Eisenbahn und die Schnellstraße, auf deren Seitenstreifen Oleander blüht, der in den Fiumaren, den breiten Kiesbetten der Bergflüsse, sogar wild wuchert.

Moloch Reggio di Calabria: Die historische Hauptstadt der Region wuchert mit Industrie- und Hafengebäuden bis Villa San Giovanni. Von hier setzen Auto- und Eisenbahnfähren fast im Minutentakt über

Bild: Pentedattilo im Aspromonte

REGGIO UND ASPROMONTE

die an dieser Stelle nur 3 km schmale Straße von Messina nach Sizilien über. Doch wegen der weltberühmten Bronzi di Riace und der subtropischen Pflanzenpracht am *lungomare*, der Uferpromenade, lohnt der Besuch Reggios absolut.

Kontrastprogramm sind die urgewaltige Natur und die halb verlassenen Bergdörfer des Aspromonte, die nur auf abenteuerlichen Straßen zu erreichen sind. Hoch über der ionischen Küste lockt Gerace, eine der schönsten Kunststädte des Mezzogiorno, mit einem prachtvollen Normannendom.

GERACE

[121 D4] Die auf einem Tafelberg ruhende, geschichtsträchtige ehemalige Bischofsstadt (2900 Ew.) führt einen Sperber im Wappen. Der Raubvogel (von dessen griechischem Namen *hierax* leitet

GERACE

Ein Ziegelmeer in Rot- und Brauntönen: Blick über die Dächer von Gerace

sich der Ortsname ab) wies den Bewohnern des spätantiken Lokroi von der Küste den Platz für eine sichere Neuansiedlung im Landesinneren. Der Besuch in Gerace lohnt vor allem wegen der faszinierenden Sakralbauten aus byzantinisch-normannischer Epoche und wegen der unversehrt erhaltenen, schönen mittelalterlichen Altstadt.

▰ SEHENSWERTES ▰

DUOMO DELL'ASSUNTA ⭐

Die Kathedrale betritt man von der Apsis aus über die von antiken Säulen gestützte Krypta (Diözesanmuseum). Eine Treppe führt in den größten Kirchenbau Kalabriens. Obschon unter byzantinischer Herrschaft 1045 geweiht, fügt sich die monumentale Architektur ins normannische Bauschema. Monumentale Säulen aus Granit, Serpentin und Marmor aus dem antiken Lokroi verleihen dem von Barockzutaten befreiten Innenraum majestätische Würde. *Tgl. (Okt.–April Di–So) 9.30 bis 13 und 15–19 Uhr (im Sommer länger)*

SAN FRANCESCO

Ein arabosizilianisches Portal mit Zickzackbändern schmückt die Flanke der beim Erdbeben 1783 beschädigten Franziskanerkirche. Genaues Hinschauen lohnt bei den detailverliebten Marmoreinlegearbeiten des Hauptaltars. Im Chor bewachen weibliche Allegorien der Tugenden das gotische Wandgrab des 1372 verstorbenen Prinzen Nicola Ruffo. *Wenn geschl.: Kustode in der Via Duca d'Aosta | Tel. 09 64 35 60 21*

SAN GIOVANELLO (SAN GIOVANNI CRISOSTOMO)

Getrennte Eingänge für Männer und Frauen und eine frisch aufgestellte Ikonostase (Bilderwand): In der byzantinischen Kapelle aus dem 11. Jh. (Freskenreste) wird wieder orthodoxer Gottesdienst gefeiert.

> *www.marcopolo.de/kalabrien*

REGGIO & ASPROMONTE

◼ ESSEN & TRINKEN ◼◼◼◼

BAR DEL TOCCO

Insider Tipp

Jasminblüten, Maulbeeren, Zitronen oder Bergamotten verwandeln sich unter Giuseppe Rinaldis geschickten Händen in köstliche *granite* (Sorbets). *Tgl. | Piazza del Tocco 7*

LO SPARVIERO

Deftige kalabrische Küche in rustikalem Ambiente: Würste und Gemüse vom Grill, Rotwein vom Fass Der Wirt vermietet in der Altstadt Privatzimmer. *Mo geschl. | Via Luigi Cadorna 3 | Tel. 09 64 35 68 26 | €–€€*

◼ ÜBERNACHTEN ◼◼◼◼

LA CASA DI GIANNA

Insider Tipp

Stilvoller Luxus in altem Palazzo mit ausgezeichnetem Terrassenrestaurant. *10 Zi. | Via Paolo Frascà 4 | Tel. 09 64 35 50 24 | Fax 09 64 35 50 81 | www.lacasadigianna.it | €€€*

◼ AM ABEND ◼◼◼◼◼◼

COCO LIGHT PUB ▶▶

Lockere Stimmung im alten Lagerhaus am Kastell: *panini,* Bier und gute Musik. *Im Winter Di geschl. | Via Castello*

◼ AUSKUNFT ◼◼◼◼◼◼

Infokiosk unterhalb der Altstadt im Ortsteil Calvario | Tel. 09 64 35 60 01

◼ ZIELE IN DER UMGEBUNG ◼

LOCRI   [121 D–E4]

Das antike Lokroi Epizephyrioi wurde 673 v. Chr. gegründet – angeblich von Aristokratinnen aus der griechischen Lokris, die mit ihren Sklaven durchbrannten, da ihre Männer ständig auf Kriegszug waren. Tatsächlich waren in Lokroi mutterrechtliche Kulte besonders populär. Von der antiken *polis* (Stadt), in der zu ihrer Blütezeit 30 000 Menschen lebten, sind in der 10 km südöstlich von Gerace gelegenen *Zona Archeologica (tgl. 9 Uhr–1 Std. vor Sonnenuntergang, 1. und 3. Mo im Monat geschl. | Küstenstraße SS 106)* das ☀ griechische Theater, Tempelfundamente, ein Handwerkerviertel und Nekropolen zu sehen. Das *Museo Nazionale di Locri Epizefiri (tgl. 9–20 Uhr, 1.*

MARCO POLO HIGHLIGHTS

★ **Duomo dell'Assunta**
Antike Marmorsäulen stützen Kalabriens größten Kirchenbau in Gerace (Seite 78)

★ **Lungomare Matteotti**
In Reggio: subtropische Pflanzenpracht und der Traumblick nach Sizilien auf den Ätna (Seite 81)

★ **Bronzekrieger von Riace**
Kalabriens schönste Männer: im Archäologischen Museum in Reggio (Seite 81)

★ **Pentedattilo**
Fünf Finger aus Fels beschirmen das schönste Geisterdorf Kalabriens (Seite 84)

★ **Museo della Certosa**
In Serra San Bruno können Sie eintauchen in die spirituelle Welt der Kartäuser (Seite 85)

★ **La Cattolica**
Fünf Ziegelkuppeln krönen das byzantinische Bilderbuchkirchlein in Stilo (Seite 86)

und 3. Mo im Monat geschl.) informiert umfassend – die spektakulärsten Fundstücke lagern freilich im Museum in Reggio.

Spatari-Skulptur in Mammola: moderne Kunst in altem Klostergarten

MAMMOLA ▶▶   **[121 D3]**

Nik Spatari (geboren 1929), der „Nik de St-Phalle Kalabriens", der in Paris mit Le Corbusier zusammenarbeitete, hat in seinem gut 30 km nördlich gelegenen Heimatdorf einen faszinierenden Skulpturenpark geschaffen – inmitten der mediterranen Vegeta-

tion eines ausgedehnten Klostergartens. *Parco Museo Santa Barbara | April–Okt. tgl. 9–18 (im Sommer bis 21), Nov.–März 9–13 Uhr (Besuch mgl. nach schriftlicher Anmeldung per Fax oder E-Mail) | Viale Museo di Santa Barbara | Tel./Fax 09 64 41 42 20 | info@musaba.org | www.musaba.org*

REGGIO DI CALABRIA

[120 B5] Das Erdbeben von Messina hat 1908 auch Reggio (180 000 Ew.) schwere Wunden geschlagen. Angesichts des im Liberty, dem italienischen Jugendstil, großzügig wieder aufgebauten Zentrums vergisst man leicht die vieltausendjährige Geschichte der Exhauptstadt Kalabriens. Als eine der frühesten griechischen Kolonien wurde Rhegion im 8. Jh. v. Chr. gegründet. In den Punischen Kriegen spielte die Hafenstadt eine wichtige Rolle, und nach einem arabischen Intermezzo wurde sie im 11. Jh. zum Brückenkopf der normannischen Eroberung Siziliens. 1970 kam es zu blutigen Aufständen, als die Kapitale der Region nach Catanzaro verlegt wurde.

Einstweilen ist man in Reggio stolz auf das Fußballteam Reggina, das in der Serie A spielt, auf die wunderbaren *gelaterie* und auf die größten Söhne der Stadt: auf den Dichter und Sänger Ibykos (6. Jh. v. Chr.), auf Modezar Gianni Versace (1946 bis 1997) und auf den Futuristen Umberto Boccioni (1882–1916) – eine seiner Skulpturen ziert die Rückseite der italienischen 20-Cent-Münze.

REGGIO & ASPROMONTE

■ SEHENSWERTES ■

DUOMO

Kunstgeschichtlich kein Meister-
werk, ist der Dom doch der Stolz der
Stadt. Das Gotteshaus wurde nach
der Erdbebenkatastrophe im Zucker-
bäckerstil wieder aufgebaut und birgt
die verehrte Paulussäule, vor der der
Apostel seine erste Predigt auf dem
italienischen Festland hielt.

LUNGOMARE MATTEOTTI ⭐ ❈

„Der schönste Kilometer der Welt",
so der italienische Literat Gabriele
D'Annunzio über die Uferpromen-
nade, wurde 2000 nach Entwürfen
des Architekten Pier Luigi Nervi
(1891–1979, Olympiastadion Rom
und Unesco-Gebäude Paris) neu ge-
staltet. Der Charme dieser besonders
in den Abendstunden frequentierten
Flaniermeile liegt neben der bronze-
häutigen, schick gekleideten Jugend
im göttlichen Sizilienblick.

MUSEO ARCHEOLOGICO NAZIONALE

Eines der großen Antikenmuseen Italiens. Das in faschistischer Ära errichtete Gebäude präsentiert sich mu-
seumsdidaktisch auf neuestem Stand.
Von Steinzeitmalerei bis zu den Tem-
pelfiguren von Lokroi und rein geprägten griechischen Münzen führt
der Rundgang. Die Stars sind die 2 m
großen, erotischen ⭐ *Bronzekrieger von Riace* (5. Jh. v. Chr.), die auf
erdbebensicheren Podesten im Un-
tergeschoss posieren. In künstleri-
scher wie technischer Hinsicht wahre
Meisterwerke, verkörpern die beiden
Helden in idealer Weise das griechische Schönheitsideal. Erst nach langen Streitigkeiten setzte die kalabrische Antikenbehörde durch, dass die

in Griechenland gegossenen und
nach einem Schiffbruch Jahrtausende
im Ionischen Meer versunkenen Fi-
guren nach der Restaurierung nicht
in Florenz verblieben. *Di–So 9 bis
19.30 Uhr | Piazza De Nava 26 |
www.museonazionalerc.it*

Die Bronzi di Riace gäben auch in einem
Fitnessstudio unserer Tage bella figura ab

■ ESSEN & TRINKEN ■

BUONA CALABRIA ▶▶

Von jungen Leuten geführte Gast-
stätte, die sich rigoros lokaler Küche
verschreibt. Fasswein und gute Fla-
schen. *Tgl. | Via Demetrio Tripepi
81–83 | Tel. 096 52 93 61 | www.buo
nacalabria.it | €–€€*

LE ROSE AL BICCHIERE

Die erste Weinbar Reggios gibt sich
vornehm-dezent. Der Wein kann

auch glasweise konsumiert werden, dazu werden delikate Snacks und vorzüglicher Käse gereicht – aber nur von Oktober bis April. *Sa-Mittag und So geschl. | Via Demetrio Tripepi 118 | Tel. 096 52 29 56 | €€*

EINKAUFEN

Insider Tipp

CENTRO DISCHI ▶▶
Zwei Schritte vom Dom gibt es den neuesten Calabro-Sound und heiße Szenetipps. *Via Tommaso Gulli 25–29*

FIORI DI CALABRIA
Parfums, Badesalze und Seifen. Mischen Sie sich Ihr privates Eau de Cologne aus Bergamottessenz! *Via Osanna 3 c | www.fioridicalabria.it*

BOUTIQUE VERSACE ▶▶
Schräge Nobelklamotten von Kalabriens legendärem Modezar, der seine Karriere im winzigen Schneiderladen seiner Mutter in Reggio begann. *Via Tommaso Gulli 13*

ÜBERNACHTEN

GRAND HOTEL EXCELSIOR ⌇
Die teure Luxusbleibe hat den Vorzug, gleich im Rücken des Archäologischen Museums zu liegen. *84 Zi. | Via Vittorio Veneto 66 | Tel. 09 65 81 22 11 | Fax 09 65 89 30 84 | www.montesanohotels.it | €€€*

LUNGOMARE ⌇
Aufgefrischter Jugendstilpalazzo mit modernem Komfort und toller Dachterrasse mit Blick auf die Meerenge. In Gehdistanz zum Archäologischen Museum. *32 Zi. | Viale Genoese Zerbi 13 b | Tel. 096 52 04 86 | Fax 096 52 14 39 | www.hotellungomare.rc.it | €€*

FREIZEIT & SPORT
Sizilien im Blick: joggen auf der mondänen ⌇ ▶▶ Meerespromenade. Wer früh am Morgen in die Turnschuhe schlüpft, erlebt vielleicht das Wunder einer Fata Morgana jenseits des Stretto di Messina. Am Abend gleiten die *ragazzi* auf ihren Skates über das fugenlos verlegte Pflaster. Die meisten Bewohner entscheiden sich für eine weniger schweißtreibende Sportvariante und verfolgen am Sonntag die Geschicke ihres Fußballvereins Reggina auf den Großbildschirmen in Pubs oder Bars.

STRÄNDE
Nach der gelungenen Sanierung des Lungomare hat der ⌇ *Lido Comunale Genoese Zerbi* direkt unterhalb der Piazza Indipendenza wieder aufgemacht. Unschlagbares Panorama, Wasserqualität okay.

AM ABEND
Jeden Monat erscheint das Gratisheftchen „Tutto Qui" mit aktuellen Szenetipps für Reggio und Umgebung. Sie bekommen es in Bars, Pubs, Kinos und Plattenläden. *www.tuttoqui.it/reggiocalabria*

BIRRERIA AGORÀ ▶▶
Pizza, leckere Antipasti, junges Publikum und jeden Freitagabend Cabaret und Livemusik. *Via Cattolica dei Greci 24 | Tel. 09 65 33 17 00 | www.birreriaagora.it*

LA SOSTA ▶▶
Der beste Jazzclub der Gegend befindet sich im nahen Villa San Giovanni. Von Oktober bis Mai montags Livekonzerte internationaler Stars.

Von Reggios Lungomare Matteotti schauen Sie über die Meerenge bis nach Sizilien

Via Monsignor Bergamo (Nähe Bahnhof) | Tel. 09 65 75 24 55 | www.lasosta.net

■ AUSKUNFT

Corso Garibaldi 329 | Tel. 09 65 89 20 12 | www.reggiocal.it

■ ZIELE IN DER UMGEBUNG

ASPROMONTE [120–121 C–D 4–6]

Ob italienisch „rauer" oder griechisch „weißer" Berg – der Aspromonte ist ein knorriges, unzugängliches Gebirge voller Überraschungen. Sein Konglomeratgestein gibt bei jedem Regen nach und verschüttet die oft nicht asphaltierten, mit Schlaglöchern übersäten Serpentinenstraßen. Pioniergeist wird hier mit großartigen Landschaftserlebnissen belohnt: hohe Wasserfälle, sommertrockene Fiumaren, bizarre Sandsteinformationen, Buchen- und Tannenwälder voller Pilze. Tourismus ist hier ein noch junges Phänomen, kulturell engagierte Kooperativen zeigen Gästen ihre Heimat: Die Initiative *Coopera-tiva San Leo (Via Polemo | Mobiltel.*

34 73 04 67 99 | *www.naturaliter web.it)* in Bova organisiert Trekking-touren, vermittelt Privatunterkünfte (€) und betreibt in Bova eine Trattoria (€). Etliche weitere Kooperativen bieten geführte Wander- und Trekkingtouren an, u. a. *Up & Down* in Gambarie (*Via degli Sci 10 | Tel. 09 65 74 30 61 | www.gambarie.org*).

Von Reggio schnell zu erreichen ist der Wintersportort *Gambarie* (1500 Ew., 1310 m), das Zentrum des Parco Nazionale dell'Aspromonte, der sein Bergtourenprogramm deutlich ausgeweitet hat. Das Restaurant des rustikalen Familienhotels *Miramonti (tgl. | Via degli Sci 10 | Tel. 09 65 74 30 48 | www.hotelmira montigambarie.it | €€)* serviert Pilz- und Wildspezialitäten.

Ein kurzer Autoausflug führt zum Fuß des ❄ *Montalto,* mit 1955 m höchster Gipfel des Aspromonte, den eine Christusstatue beschützt. Die auch für Kinder geeignete kurze Wanderung wird mit einem Prachtblick über die Bergwildnis bis hin zum sizilianischen Ätna belohnt.

Endlose Schotterpisten schrauben Insider Tipp sich zum einsamen *Santuario della Madonna di Polsi,* das Ende August Ziel Tausender von Pilgern ist. Besser mit Jeep kämpft man sich auch zu den halb verlassenen Bergnestern *Gallicianò* und *Roghudi* im Süden des Massivs oberhalb der grandiosen Fiumara Amendolea durch. *Kalós irthate,* „willkommen", grüßen zweisprachige Ortsschilder auf Griechisch. Noch sprechen die Alten hier den grekanischen Dialekt.

Bis in die jüngste Vergangenheit war der Aspromonte Rückzugsgebiet von Briganten und 'ndrangheta. In Santo Stefano wird heute noch Giuseppe Musolino (1876–1956), der „Wolf des Aspromonte", besungen. Der unschuldig zu 21 Jahren Verurteilte narrte auf seiner Flucht die Carabinieri drei Jahre lang. Auch die meisten italienischen Kidnappingopfer der Achtzigerjahre schmachteten in Aspromontehöhlen – heute hofft man, eher legal am Tourismus zu verdienen. Balladen über Giuseppe Musolino auf CD vom populären Otello Profazio oder dem *cantastorie* (Bänkelsänger) Orazio Strano gibt es an Ständen auf Märkten und Festen, z. B. am Santuario di Polsi.

Maulbeerbäume und Bergamotten Insider Tipp umgeben den *agriturismo Il Bergamotto (12 Zi. | von der SS 106 Richtung Amendolea, Condofuri | Tel./Fax 09 65 72 72 13 | ugosergi@yahoo.it | €)* von Tiziana und Ugo Sergi – ein Traum nicht nur für Kinder mit Eselsritten und spannenden Naturwanderungen.

Auskunft bei der *Ente Parco Nazionale dell'Aspromonte in Gambarie | Via Aurora | Tel. 09 65 74 30 60 | Fax 09 65 74 30 26 | www.parcoaspromonte.it*

PENTEDATTILO ★ **[120 B6]**

Ein Stück malerisches Kappadokien in Süditalien: Der verlassene Hirtenort wird von den „fünf Fingern", bizarr verwitterten Sandsteinkegeln, überragt. Pentedattilos Schicksal ist typisch für den lieblosen Umgang der Behörden mit dem eigenen Erbe. Mitte der Sechzigerjahre wurden die Bewohner wegen angeblicher Erdbebengefahr evakuiert – so verfiel der Ort, ohne je von einem Erdstoß erschüttert worden zu sein.

Ideal als Quartier zur Erkundung von Pentedattilo: die *Casina dei Mille (Ortsteil Annà | SS 106 km 28 | Tel. 09 65 78 74 34 | Fax 09 65 78 74 35 | €€)* in Melito di Porto Salvo, eine Villa aus dem 18. Jh. mit feinem Restaurant und sieben gemütlichen Zimmern (einige mit Balkon, Blick aufs Meer und leichten Verkehrsgeräuschen von der nahen SS 106).

SERRA SAN BRUNO

[121 E2] Tief zurückgezogen im urwaldähnlichen Bergland der Serre errichtete der hl. Bruno von Köln 1091 nach dem Vorbild der von ihm gegründeten Grande Chartreuse bei Grenoble seine zweite Kartause. Typisch für die Kartäuser ist das absolute Schweigegebot, das nur bei Notfällen und für die Messe unterbrochen wird, sowie die Anonymität: Selbst auf Grabkreuzen steht kein Name. Man munkelt, dass einer der Hiroshimabomber hier nach 1945 seinen Frieden gefunden haben soll.

REGGIO & ASPROMONTE

Der betriebsame Ort Serra San Bruno (7000 Ew.) entstand aus der Ansiedlung der Klosterhandwerker. Heute noch werden hier kunstvolle Schmiedearbeiten von Hand gefertigt. Pilzreiche Wälder laden zu erholsamen Wanderungen ein. Probie-

siedlerordens ein. *Di–So 9–13 und 15–18.30 (Mai–Sept. bis 20) Uhr | Contrada Certosa 1*

SANTA MARIA DEL BOSCO

Ein lauschiger Waldspaziergang geleitet zu der idyllischen Kirche, wo

Gregorianische Musik untermalt den Besuch im Klostermuseum von Serra San Bruno

ren Sie die lokale Spezialität einen Magenbitter mit Steinpilzaroma!

die Sterbegrotte des hl. Bruno verehrt wird.

■■SEHENSWERTES■■

MUSEO DELLA CERTOSA ⭐

Das Klostergebäude im Ortsteil Certosa wurde um 1900 über den Trümmern des beim Beben von 1783 eingestürzten Vorgängerbaus errichtet. Besucher sind nur im vorbildlich gestalteten Museum erlaubt. Es führt zu gregorianischer Musik in die verschlossene Glaubenswelt des Ein-

■■ESSEN & TRINKEN■■

SANTA MARIA

In dem Blockhaus in der Nähe der Kirche Santa Maria del Bosco tischt Signora Angela regionale Pilz- und Nudelgerichte auf, dazu lässt man sich der Fasswein aus Bivongi schmecken. *Okt.–Feb. Mo geschl. | Ortsteil Santa Maria del Bosco | Tel. 096 37 00 00 | €*

■ EINKAUFEN ■

SERFUNGHI CALABRIA

Steinpilze frisch, in Öl eingelegt oder
getrocknet. Sogar dem *amaro* verleihen die *porcini* ihr unvergleichliches
Aroma. *Via Pisani (SS 110)* | *www.
serfunghi.com*

■ ÜBERNACHTEN ■

CERTOSA 🔊

Der Padrone des renovierten Hotels
verwöhnt seine Gäste mit Pilzgerich-
ten und Wandertipps. *29 Zi.* | *Via A.
Scrivo 6* | *Tel. 096 37 15 38* | *Fax
096 37 21 30* | €€

>LOW BUDGET

> Wenn es im Januar/Februar und Ende
Juli/August bei den *saldi moda italia-
na* zu Schnäppchenpreisen gibt: Auf
nach Reggio di Calabria! Zum Beispiel zu einem Bummel über den
Corso Garibaldi, wo 2007 Giorgio
Armani an Land gegangen ist. Das
Emporio samt *video wall* hat der
Meister selbst entworfen, auf zwei
Stockwerken werden Lifestylepro-
dukte ausgebreitet. Keine Marken-
artikel, aber gute Ware zu fairen
Preisen bietet *Pastore (Corso Garibaldi 303–307)* das ganze Jahr über
an. Kinder und Nostalgiker finden
hier *fischietti di Seminara,* Vogel-
pfeifen aus Ton.

> Eine Kreuzfahrt fast geschenkt: Vom
Hafen in Reggio setzen beinahe
stündlich Fähren über die Meerenge
nach Messina über (Tickets zu knapp
2 Euro direkt am Fähranleger). Die
Überfahrt dauert 45 Minuten, und
mit Glück gibt es den Ätnablick gratis
dazu.

STILO

**[121 E3] In einer von Fiumaren, den som-
mertrockenen Wildbachbetten, zerrisse-
nen Landschaft posiert das am Hang ansteigende Stilo (3500 Ew.) unter der burg-
gekrönten Felskulisse des Monte Consolino.** Mit Rossano war es das bedeu-
tendste Zentrum byzantinischer Basi-
lianermönche. Der Ortsname (*stylos*
= Säule) kommt aus dem Griechischen. Zu Füßen der Altstadt erhebt
sich das Denkmal des Philosophen
Tommaso Campanella, der im nahen
Stignano das Licht der Welt er-
blickte.

■ SEHENSWERTES ■

CASTELLO NORMANNO

Von der Cattolica führt ein einstündi-
ger Fußmarsch auf den 701 m hohen
🔅 Burgberg *Monte Consolino.* Die
Mühe wird mit einem sagenhaften
Meerblick und romantischen Ruinen
belohnt.

LA CATTOLICA ⭐

Das entzückende Ziegelkirchlein mit
seinen fünf Kuppeln am Hang oberhalb des Orts ist das byzantinische
Wahrzeichen Kalabriens. Im 10. Jh.
wurde es als Hauptkapelle und klös-
terlicher Mittelpunkt einer in Grotten
hausenden Mönchsgemeinschaft errichtet. Die vier Säulen stammen aus
dem antiken Kaulonia. *Sept.–April
tgl. 7–19, Mai–Aug. 8–20 Uhr*

■ ESSEN & TRINKEN ■

LA BUCA DEL RE

Gepflegt Tafeln in einer Tuffstein-
grotte in der Altstadt. *Im Winter mit-
tags geschl.* | *Via XXI Aprile* | *Mobil-
tel. 33 37 20 56 18* | €€

REGGIO & ASPROMONTE

FRA TOMMASO ▶▶
Pizzeria mit jungem Publikum. Auch
leckere Kleinigkeiten wie Bruschet-
ta. *Mo und mittags geschl. | Via Ro-
ma/Piazza L. Carnavale | Tel
09 64 77 50 17 | €*

▰ ÜBERNACHTEN ▰

CITTÀ DEL SOLE
Modernes, komfortables Hotel im
oberen Ortsteil. *33 Zi. | Viale Roma 8
| Tel./Fax 09 64 73 28 88 | info@as
media.it | €€*

▰ STRÄNDE ▰

Vom 15 km südöstlich gelegenen
Monasterace Marina sind die einsa-
men Strände an der Punta Stilo zu
Fuß zu erreichen.

▰ AUSKUNFT ▰

nur online: *www.locride.net*

▰ ZIELE IN DER UMGEBUNG ▰

BIVONGI *[121 E3]*
Seit 1995 lebt ein Mönch vom Berg
Athos in Griechenland in den normannischen Ruinen des Klosters *San
Giovanni Theristis (Juli–Mitte Sept.
tgl. 17 Uhr–Sonnenuntergang, sonst
Sa/So 10–12 und 15–17 Uhr)* nördlich vom wenige Kilometer entfern-
ten Bivongi. Der Padrone der urigen
Trattoria *La Vecchia Miniera (Mo
geschl. | Ortsteil Perrocalli | Tel.
09 64 73 18 69 | €€)* in einer aufge-
lassenen Mine organisiert Jeepexkur-
sionen zur *Cascata di Maesano*, dem
höchsten Wasserfall Kalabriens.

RIACE UND RIACE MARINA *[121 E-F3]*
Im Badeort Riace Marina mit schönen Kies- und Sandstränden ent-
deckte 1972 ein Taucher die *Bronzi*

Markant: die fünf Kuppeln von La Cattolica

di Riace. Da Kosmas und Damian als
Ortsheilige verehrt werden, identifi-
zierten die Riacesen die Skulpturen
spontan mit den heiligen Ärzten. Im
mittelalterlichen Bergort organisiert
die rührige kirchliche Initiative *Città
Futura G. Puglisi (Via Pinnarò 20 |
Tel./Fax 09 64 77 80 08 | www.citta
futurariace.it | €)* Unterkünfte in his-
torischen Häusern (einige Mitglieder
sprechen Deutsch). Das sympathische
*B & B Dino e Valeria (Via Nazionale
180 | Tel. 09 64 77 10 44, Mobiltel.
32 97 29 77 89 | www.dinoevaleria.it
| €–€€)* liegt direkt am Strand von
Riace Marina. Dino zeigt Gästen die
besten Angelplätze, Valeria bereitet
den gefangenen Fisch köstlich zu.

> IN DIE DREI GEBIRGE KALABRIENS

Pollino, Sila und Aspromonte:
drei Ausflüge in die Berge des kalabrischen Landesinneren

Die Touren sind auf dem hinteren Umschlag und im Reiseatlas grün markiert

1 VON DER COSTA DEI CEDRI IN DEN PARCO DEL POLLINO

Im Norden Kalabriens geraten Kunst, Küche und Natur zum Hochgenuss. Die 150 bzw. mit Abstechern knapp 300 km lange Zweitagerundfahrt führt durch den größten Nationalpark Italiens und in Bergorte, in denen albanisches Brauchtum noch nach 500 Jahren lebendig ist. Übernachten und gut einkehren können Sie in Altomonte, Castrovil-

lari, Civita oder Morano Calabro. Und packen Sie die Wanderschuhe ein! Die vorgeschlagene Route folgt meist verkehrsarmen Straßen und lässt sich in mehreren Tagen auch mit einem Mountainbike bewältigen. Nur im letzten Abschnitt empfiehlt es sich, die Küstenstraße SS 18 zu meiden und stattdessen von Orsomarso über Santa Maria del Cedro nach Cirella zurückzuradeln.

Von **Diamante-Cirella** *(S. 30)* führt die Küstenstraße SS 18 nach Süden, um

Bild: Morano Calabro im Pollinogebirge

AUSFLÜGE & TOUREN

auf Höhe von **Belvedere Marittimo** auf die SS 105 ins Landesinnere abzubiegen. Der Belvedere, den der Ortsname verspricht, ist durch die moderne Küstenbebauung zum Teil verstellt. Doch schnell schrauben sich die Straßenkurven in herrliche Landschaft hoch, und der Blick zurück auf die Costa dei Cedri ist nun wirklich *molto bello.*

Durch dichte Wälder geht es über den 740 m hohen **Passo dello Scalone** in den lieblichen Talkessel des Fiume Esaro. Linker Hand türmen sich eindrucksvoll die Gipfel der Monti di Orsomarso, während sich die Straße durch eine gepflegte Bauernlandschaft zieht. Aus San Sosti zweigt eine Stichstraße zum Bergheiligtum der **Madonna del Pettoruto** ab, von Mai bis Mitte September sonntags das Ziel farbenfroher Pilgerzüge. Weiter im Norden drängen sich am Hang die Häuser von **San Donato di Ninea.** Der

Bergort ist Ausgangspunkt für Wanderungen auf den 1987 m hohen **Cozzo del Pellegrino. Acquaformosa (Firmoza)** und **Lungro (Ungra)** künden sich mit ihren Ortsschildern zweisprachig an. Seit Ende des 15. Jhs. leben hier Albaner.

Ein Muss ist der kurze Abstecher nach **Altomonte** *(S. 37)*. In diesem Schmuckkästlein der Gotik wird ka-

weiter nach **Civita** *(Çifti, S. 40)* fahren oder auf Höhe von San Basile gleich der schmalen Straße Richtung Morano Calabro folgen. Eine Übernachtung im **Grand Canyon Ostello** *(S. 41)* von Civita, das Menschen jeden Alters offen steht, belastet die Reisekasse nur gering, und am nächsten Morgen können Sie direkt vom Haus

Historische Altbauten, Charmehotels und Kunsthandwerkateliers: Altomonte

labrische Küche zur hohen Kunst erhoben. Der Pollino baut sich im Norden zur grandiosen Bergkulisse auf. Von Altomonte aus betrachtet, erinnert seine Gipfelkette mit der 2267 m hohen Serra Dolcedorme an eine schlafende Frau.

Zurück auf der SS 105, können Sie **Castrovillari** *(S. 39)*, der heimlichen Hauptstadt des Pollino, einen Besuch abstatten und anschließend

aus zur Erkundung der spektakulären **Raganelloschlucht** aufbrechen.

Anschließend geht es einige Kilometer zurück, bis Sie kurz hinter der Autobahn auf die SS 19 treffen und wenig später **Morano Calabro** *(S. 43)* erreichen. Vom holländischen Grafiker M. C. Escher auf einem seiner Holzschnitte verewigt, zählt Morano zu den schönsten Orten Süditaliens. Den besten Blick auf die kegelförmige

Stadt und die Pollinoberge genießer.
Sie vom ☀ **Convento dei Cappuccini.**
Auf steilen Treppengassen, die nur
zu Fuß, mit dem Maultier oder einem
Fiat 500 zu bezwingen sind, können
Sie bis zu den Ruinen des **Castello
Normanno** aufsteigen. Fußfaule neh-
men die Umgehungsstraße mit dem
Auto.

Setzen Sie die Fahrt dann auf der
SS 19 in Richtung Norden fort. Nach
einigen weiten Kurven führt die
Straße über den gut 1000 m hohen
Campo-Tenese-Pass, seit der Antike das
Nadelöhr, durch das Kalabrien aus
dem Norden zu erreichen ist. Der römischen Via Popilia folgen heute die
Autobahn und die „Strada delle Cala-
brie" SS 19. Bergfexe machen einen
Abstecher in die nahe Basilikata: Von
der Ausfahrt Campo Tenese ist das
Rifugio De Gasperi (Ortsteil Piano
Insider Tipp
Ruggio | Tel. 09 73 66 60 04, Mobil-
tel. 34 02 22 91 91 | €) nach 15 km
auf einer schlaglochübersäten Straße
in Richtung Colle dell'Impiso zu erreichen. Die von jungen Leuten geführte Schutzhütte ist die perfekte
Basis, um zum Sturm auf die höchsten Pollinogipfel aufzubrechen.

Zurück an die Costa dei Cedri geht
es ab Mormanno auf der SS 504
durchs wildromantische Laotal. Ach-
ten Sie nach 12 km an der Kreuzung
nach Avena auf den beschilderten
Abzweig, der rechts zur **Grotta del Romito** *(S. 35)* hinabführt. Nach dem
Besuch der Steinzeitgrotte können
Sie sich in der gleichnamigen Fami-
lientrattoria stärken *(im Sommer tgl. |
Tel. 098 18 31 38 | €).*

Zurück auf der SS 504, verdient
das hübsche **Papasidero** *(S. 35)* auf jeden Fall einen Fotostopp. Naturfreun-

de machen anschließend noch einen
Abstecher nach **Orsomarso,** um die **Riserva Naturale Valle Fiume Argentino** zu erkunden. Lauschige Wanderungen führen am Ufer des klaren Gebirgsflus-
ses entlang, die Forstverwaltung hat
Insider Tipp
hier schöne Picknickplätze angelegt.

Zurück an der Küste, beleidigen
die Bausünden um **Scalea** *(S. 34)* das
Auge. Weitaus sehenswerter ist die
Altstadt. Schöne Strände locken dann
im nahen **San Nicola Arcella** *(S. 35).*

2 SCHWARZWALD-FEELING IN DER SILA

🚶 **Diese dreistündige Rundwanderung
in den Buchen- und Kiefernwäldern
der Fossiata, Herzstück des Parco Nazionale della Sila, folgt anfangs dem flinken
Lauf des Fiume Cecita. Das Bachbett muss
unterwegs überquert werden – im Früh-
ling nach der Schneeschmelze ein sportli-
ches Unterfangen, im Sommer eine will-
kommene Erfrischung. Nach der Wanderung erwartet Sie ein kulinarischer Höhepunkt!**

Die hohen Wälder der Fossiata liegen
12 km nordöstlich von **Camigliatello Silano** *(S. 54),* einer ehemaligen Holz-
fällersiedlung auf 1272 m Höhe und
heute beliebt bei Wintersportlern und
Sommerfrischlern. Auf der SS 177
kommen Sie im Ortsteil **Cuponello** am
Informationsbüro des Nationalparks *(im
Sommer tgl. 9–19 Uhr)* vorbei, das
Besucherzentrum liegt im Ortsteil **Cupone.** Hier hat die Forstverwaltung
Park- und Picknickplätze, markierte
Wanderwege sowie Wildgehege angelegt. Am **Posto di Ristoro** ebenfalls in
Cupone können Sie sich mit kalabrischen Spezialitäten eindecken. Hier
gibt es auch eine Wanderkarte.

Picknickplätze und ein Wildgehege: unterwegs im Nationalpark der Sila

Vom Posto di Ristoro geht es auf der Asphaltstraße wenige Hundert Meter in Richtung Fossiata. Vor der Brücke zweigt rechts der als **sentiero 3** bezeichnete Weg ab. Das Tal des Fiume Cecita zur Linken, zieht sich der breite Weg im Schatten von Zitterpappeln und Kiefern entlang. Eine Holzbrücke führt ans gegenüberliegende Ufer. Gegen die Flussrichtung setzt sich der Pfad am Ufer fort, bis nach etwa 45 Minuten Felsen den Weg versperren. Hier müssen Sie den Fluss überqueren, um gleich darauf erneut das Ufer zu wechseln. Nach einer weiteren halben Stunde führt unterhalb einer eingefallenen Steinbrücke eine Furt zurück aufs linke Ufer. Als **sentiero 3** bzw. **sentiero 6** markiert, steigt der Weg im Wald bis zu einer Kreuzung auf. Hier steigen Sie auf dem **sentiero 6** weiter an. Nach leichtem Auf und Ab geht es über eine Lichtung und an einer Holzhütte vorbei.

Die Piste stößt auf eine geschotterte, als **sentiero 2** markierte Forststraße. Der Weg zurück nach Cupone setzt sich nach rechts fort. An der übernächsten Kreuzung können Sie auf dem kürzeren Weg geradeaus nach Cupone zurückkehren bzw. mit einem leichten Schlenker dem **sentiero 1** nach links in Richtung **recinti faunistici** (Wildgehege) folgen.

Hungrige Wanderer und Feinschmecker können zum Abschluss in der ==Tavernetta== *(Mi geschl. | SS 177 im Ortsteil Campo San Lorenzo | Tel. 09 84 57 90 26 | €€€)* die Sila kulinarisch erleben. Pietro Lecce serviert in seinem bodenständig gebliebenen Restaurant, dessen Küche hohen Ansprüchen genügt, Köstlichkeiten wie Forelle auf Steinpilzmousse. Auch die *dolci* aus wilden Waldfrüchten sind ein Hochgenuss!

Inside
Tipp

3 ZU FUSS INS WILDE HERZ DES ASPROMONTE

Diese abwechslungsreiche, auch für ältere Kinder nicht allzu schwierige Rundtour (teilweise markiert) führt von Natile Vecchio am Nordhang des Aspromonte nahe der SS 112 in vier bis fünf Stunden zu den majestätischen Sandsteinmonolithen Rocce di San Pietro und Pietra Cappa.

Biegen Sie am km 86 der Küstenstraße SS 106 südlich von Bovalino Marina auf die SS 112 dir Richtung Natile ab. Nach 11 km zweigt links die Straße Richtung Platì ab, gleich darauf ebenfalls links die unbezeichnete Straße nach **Natile Vecchio**. Ihr Auto können Sie unbesorgt auf der

Piazzetta am Ortseingang abstellen (öffentliche Busse nur wenige Male am Tag). Haben Sie für Proviant gesorgt? An der Hauptstraße liegt das Lebensmittelgeschäft von Natale Marvelli. Frisches Holzofenbrot bekommen Sie von der Bäckerin Giuseppina. Quellwasser und eine Bar gibt es an der Piazzetta, Brunnen auch unterwegs.

Rechts von der Bar führt eine steile Gasse hoch und trifft auf einen Maultierpfad, auf dem Sie links den Ort verlassen. Nach einer Viertelstunde zweigt der Weg rechts ab und steigt zwischen Maschendrahtzäunen weiter an. Einen ersten Abzweig lassen Sie rechts liegen und biegen an der Y-Gabelung links auf einen schmaleren Pfad. Auf Höhe eines ummauerten Obstgartens überwinden Sie den Bach und ein Gatter. Vorbei an der Trockensteinmauer steigt ein schmaler Hohlweg nach rechts in Serpentinen auf. Durch eine Bresche im Zaun stoßen Sie auf einen querenden Pfad und folgen ihm nach rechts Unterhalb der Rocce di San Pietro klettern Sie über ein Gatter und biegen kurz danach rechts auf einen Pfad ab, der sich bald zur Fahrspur verbreitert und vorbei an wellblechgedeckten Ställen auf die nicht asphaltierte Straße nach Natile Vecchio stößt (1 Std. nach dem Start).

Auf der Schotterstraße geht es links weiter, die Blicke abwechselnd auf Platì und die Pietra Cappa gerichtet. Nach 15 Minuten kommen Sie zu einer Tafel mit einer wenig praktikablen Wanderkarte. Hier biegt links die rot-weiß markierte Fahrspur zur Pietra Cappa ab. Auf markiertem Pfad geht es weiter. Nach einem ersten Picknickplatz schwenkt der Weg mit dem Grat auf die Pietra Cappa zu. Den Abzweig nach rechts (später Ihr Rückweg) lassen Sie unbeachtet und erreichen nach wenigen Schritten die **Forsthütte von Natile Vecchio**. Picknicktische und eine Quelle laden zur Rast (knapp 2 Std. nach Start).

Verlassen Sie Natile Vecchio nicht, ohne Giuseppinas Holzofenbrot gekauft zu haben

Nach der Pause lockt die Umrundung der **Pietra Cappa** (ca. 45 Min.) im Uhrzeigersinn. Im Westen des mächtigen Sandsteinmonolithen trifft der Pfad auf einen Weg. Links geht es in wenigen Minuten zur Forststation San Giorgio, während man rechts bergauf den Rückmarsch antreten kann. Nach wenigen Hundert Metern schließt sich der Kreis, und auf der bereits bekannten Route (alternativ auf der Schotterstraße) können Sie in gut 90 Min. nach Natile Vecchio zurückkehren.

EIN TAG AN KALABRIENS KÜSTE

Action pur und einmalige Erlebnisse.
Gehen Sie auf Tour mit unserem Szene-Scout

TIEFSEE-ABENTEUER

8:00

Unterwegs schnell ein *panino* auf die Hand, denn jetzt wird ins Abenteuer gestartet. Mit den Guides des *Jonio Blu Diving Center* geht's auf den Meeresgrund, wo antike Skulpturen auf ihre Entdeckung warten. Unterwasserkamera mitnehmen, denn die Sichtweite beträgt hier 30 m! **WO?** *Via Europa 43 | Marina di Gioiosa Ionica | ab 26 Euro | www.jonioblu.com*

10:30

HOCH ZU ROSS

Trockenrubbeln und rein in den Sattel. Auf dem Pferderücken ist eine Tour durchs Hinterland Frühsport mit Wachmacher-Garantie! Noch nie auf einem Pferd gesessen? Die Lehrer der *Associazione Gli Amici Del Cavallo* zeigen nicht nur, wie man in den Sattel steigt, sondern auch dort bleibt. **WO?** *Via J. J. Rousseau | Siderno Marina | Anmeldung nötig: Tel. 09 64 38 32 36*

AB IN DEN BEACHCLUB

12:30

Chillen ist angesagt – das geht nirgends besser als am Lungomare von Locri Beach. Ein Snack und ein kühler Drink müssen jetzt her. Die leckersten gibt's im *Cactusclub* und den Blick aufs Meer gleich gratis dazu. Wie wäre es mit einem Sandwich und dazu ein *Strawberry Virgin Colada* mit Erdbeeren und Ananas – ohne Alkohol, denn der Tag ist noch lang! **WO?** *Lungomare Lato Nord | Locri | Eintritt 15 Euro | www.cactusclub.it*

15:00

LA DOLCE VITA

Genug entspannt? Dann los ins 60 km weiter südlich gelegene Melito di Porto Salvo. Kalabriens süßeste Seite entdeckt man am besten in der Bar *Stil Dolce*. Geheimtipp: das selbst gemachte *torrone*. Aber Vorsicht, das Nougat mit Mandeln, Honig und kandierten Früchten kann süchtig machen. **WO?** *Via Nazionale 104 | http://stildolce.com*

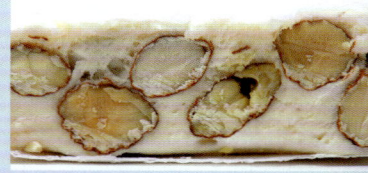

24 h

MODERNE KUNST ZUM MITNEHMEN

16:00

Auf der Traumstraße Superstrada Ionica geht es noch mal schöne 30 km weiter nach Reggio di Calabria, das Kunstzentrum der Region. Vielleicht findet sich hier ein passendes Geschenk für die Daheimgebliebenen? Natürlich nicht irgendein Mitbringsel, sondern moderne Kunst aus der Galerie *Dimensione Arte* die Pizzini Maurizio. **WO?** *Via Demetrio Tripepi 90 | www.dimensionearte.net*

18:00

HOCH HINAUS

Anschnallen, tief durchatmen und abheben. In einem Kleinflugzeug geht es nach oben. Aus der Vogelperspektive den Blick über die Küste genießen und die grenzenlose Freiheit spüren. Special Feature: von den letzten Sonnenstrahlen die Nase kitzeln lassen. **WO?** *Aero Club dello Stretto | Via Ravagnese | Reggio di Calabria | 20 Min. für drei Personen kosten 100 Euro | Anmeldung zwei Tage vorher nötig: Tel. 09 65 64 30 35 | www.aeroclubdellostretto.it*

PASSEGGIATA IM HAFEN

19:30

Schick machen und ab an den *Lungomare Italo Falcomatà*. Jetzt flanieren die Locals an der Hafenpromenade – italienischer Lifestyle hautnah. Ohren auf: Hier erfährt man die besten Tipps in Sachen Nightlife aus erster Hand. Danach wird der hungrige Magen im *I Tre Farfalli* mit leckerem Italo-Food besänftigt. **WO?** *Via del Torrione 47/49 | Reggio di Calabria | www.itrefarfalli.it*

23:30

HEY, MISTER DJ

Kurz vor Mitternacht geht das Leben erst richtig los! Im angesagten *Calajunco Beachclub* wird die Nacht zum Tag. Die Szenelocation liegt direkt am Strand und ist ein Mix aus Open-Air-Club und Buddha-Lounge. Einheimische DJs sorgen bis in den Morgen für beste Beats. **WO?** *Lungomare di Reggio di Calabria . www.calajuncoclub.com*

> EIN WASSERSPORT- UND WANDERPARADIES

Kalabrien mit seinen zwei langen Meeresküsten und teils grünen, teils rauen Gebirgsformationen hat den Aktivurlaub entdeckt

> **Nicht nur die** *turisti,* **sondern auch immer mehr Einheimische entdecken die großartige Bergwelt der Region und stellen fest, dass es außer dem Strandleben auch sportliche Herausforderungen gibt. Voll im Trend liegt** *trekking,* **wie mit einem Hauch von Abenteuer das Wandern hier zu Lande genannt wird.**

■ GOLF

Das nördlich von Cetraro auf einer Klippe hoch über dem Meer gelegene, nostalgisch-charmante *Grand Hotel San Michele (Ortsteil Bosco | SS 18 km 293,1 | Tel. 098 29 10 12 | Fax 098 29 14 30 | www.sanmichele. it)* verfügt über einen 9-Loch-Kurs mit grandiosem Panorama.

■ PARAGLIDING

Entlang der tyrrhenischen Küste finden Gleitschirmflieger ideale Bedingungen. In *Scalea* bietet *Lao Action Raft (Via Lauro 10–12 | Tel./Fax*

> *www.marcopolo.de/kalabrien*

SPORT & AKTIVITÄTEN

098 52 14 76, Mobiltel. 33 82 23 67 44
| *www.laoraft.it)* Kurse und Flüge
auch in Zweisitzern an.

■ PESCATURISMO ■

Dass Naturschutz und Fischfang keine Widersprüche sind, erleben Sie
beim Hochseefischfang, dem *pesca-
turismo (www.ititurismo.it).* Begleiten Sie die Fischer bei ihrer traditio-
nellen Arbeit, und legen Sie selbst
mit Hand an Netze, Fangleinen und

Krabbenkörbe. Entsprechende Angebote finden Sie in vielen Hafenorten.
Oft wird der frische Fang noch am
selben Abend köstlich zubereitet.

■ RADFAHREN & MOUNTAINBIKING ■

Verkehrsarme Nebenstraßen im Rücken der Costa dei Cedri verleiten zu
kürzeren und längeren Landpartien,
zu abwechslungsreichen Tagesaus-
flügen lockt das bäuerliche Hinter-

land von Tropea. Anspruchsvolle Mountainbikerouten gibt es im Aspromonte. In Tropea und Scalea finden sich mehrere Mountainbikeverleiher. Zahlreiche *agriturismi* und Ferienclubs stellen ihren Gästen Fahrräder zur Verfügung.

■ RAFTING & KAJAKFAHREN ■

Der Lao im Norden Kalabriens ist eines der besten Wildwasserreviere Europas. Neben *Lao Action Raft (Via Lauro 10–12 | Tel./Fax 098 52 14 76 | Mobiltel. 33 82 23 67 44 | www.lao raft.it)* in Scalea veranstaltet auch der *Canoa Club Lao Pollino (Ortsteil Petroso, Laino Borgo | Tel. 098 18 56 73 | Fax 098 18 57 35 | www.laocanoa.it)* ganzjährig Rafting- und Kajaktouren.

■ REITEN ■

Viele *agriturismi* bieten ihren Gästen die Möglichkeit zum Reiten an, z. B. bei Morano Calabro *La Panoramica (3 km vom Ort, Ortsteil Manciopo | Tel./Fax 098 13 10 43, Mobiltel. 34 64 21 37 63 | www.lapanoramica bb.it)*. Christa Gretzmeier (spricht Deutsch) organisiert Reitausflüge in den Parco del Pollino. *Michele Curto (Val Calamo Trekking Club | Ortsteil Santa Zaccheria 31 a | Acri | Tel. 09 84 94 12 87)*, ein ausgebildeter Reitlehrer, veranstaltet mehrtägige Touren hoch zu Ross durch die Sila.

■ SCHWERTFISCHJAGD ■

Von Mai bis August legen an Tagen mit ruhiger See in *Cannitello, Scilla* oder *Bagnara Calabra* die eleganten *passarelle* ab – speziell für die Jagd auf den Schwertfisch konstruierte Boote. Den ganzen Tag kreuzen sie

Insider Tipp

vor der Küste auf und ab. Vom 20 m hohen Mast aus können die Fische gesichtet werden, vom über 20 m langen Bugausleger werden sie mit einer Harpune erlegt. Übrigens ist diese Form des Fischfangs anders als die industriell betriebene Treibnetzfischerei auch unter ökologischen Gesichtspunkten unbedenklich. Schiffsausflüge organisiert die *Cooperativa Maria di Porto Salvo (Piazza Archimede | Bagnara Calabra | Tel. 09 66 37 28 02 bzw. c/o Domenico Pontillo | Scilla | Tel. 09 65 79 03 68)*.

■ SEGELN ■

Vibo Valentia Marina besitzt den besten Yachthafen Kalabriens am Tyrrhenischen Meer. *Franco Ranieri (Pontile da Carmelo | Via Emilio 66 | Tel. 09 63 57 26 30 | Fax 09 63 57 25 10)* verchartert hier Segelyachten. Ein absolut lohnendes Ziel sind die Liparischen Inseln.

Die Riserva Marina am Capo Rizzuto fasziniert über und unter Wasser mit einer artenreichen Tier- und Pflanzenwelt. Die *Segelschule Ostro (Via Uccialì 16 | Tel./Fax 09 62 79 56 32 | www.ostro.it)* in Le Castella bietet Bootsausflüge an. Abenteuerlicher ist es, mit einer der 7 m langen Segelyachten (bis zu vier Personen, englischsprachiger Skipper) zu einem Dreistundentörn aufzubrechen *(28 Euro/Person)*. Unvergesslich bleibt ein Tagestörn *(100 Euro pro Tag, mit Skipper 150 Euro)*.

■ SKI & SNOWBOARDING ■

Die Abfahrtspisten von *Gambarie* sind spektakulär: Hier können Sie mit Blick auf den Feuer spuckenden Ätna und die Meerenge von Messina

SPORT & AKTIVITÄTEN

wedeln. In der *Sila Grande* spurt die Forstverwaltung von Dezember bis Februar kilometerlange Loipen vorbei an den vereisten Seen.

▮ TAUCHEN ▮▮▮▮▮▮▮▮▮▮▮▮▮▮

Tauchschulen gibt es in vielen Küstenorten. Die Riserva Marina di Capo Rizzuto ist ein Unterwasserdorado.

Wer sich einer geführten Wanderung anschließt, erlebt mehr und kommt an Stellen, die man allein nie finden würde

Bereits mit Schnorchel und Maske öffnet sich Ihnen eine farbenprächtige Unterwasserwelt. Kontakt zu Tauchschulen vermittelt die Naturparkverwaltung in Le Castella. Ideale Tauchgründe und professionelle Tauchschulen auf der tyrrhenischen Seite finden sich in *Scilla (Scilla Diving Center | Via Annunziata 2 | Tel. 09 65 75 45 85 | www.sci'ladiving.it)*, bei *Tropea (Torre Ruffa Diving | c/o Hotel Rocca Nettuno bzw. Porto di Tropea | Mobiltel. 33 87 32 05 17 |*

www.torreruffa.com) und in Scalea an der *Costa dei Cedri (c/o Lao Action Raft | Via Lauro 10 | Tel./Fax 098 52 14 76 | Mobiltel. 33 82 23 67 44 | www.laoraft.it)*.

▮ WANDERN ▮▮▮▮▮▮▮▮▮▮▮▮▮▮

Auch wenn die Markierung noch sehr lückenhaft ist, eignen sich die Nationalparks Pollino, Sila und Aspromonte ideal zum Wandern. Lokale Initiativen und Ortsverbände des *Club Alpino Italiano (Via San Francesco da Paola 106 | Reggio | Tel./Fax 09 65 89 82 95 | www.caireggio. it)* bieten geführte Touren an.

▮ WINDSURFEN ▮▮▮▮▮▮▮▮▮▮

Gute Reviere sind der *Golf von Squillace* und *Capo Vaticano*. Fortgeschrittene treffen sich am *Capo Vaticano* und in *Scilla. www.surfreport.it*

> KINDERFREUNDLICHES KALABRIEN

Bunte Riesenpuppen, mit der Bimmelbahn in die Berge, Aquarien und Wasserparks und dazu das leckerste gelato: Kinder kommen in Kalabrien nicht zu kurz

> Gerade weil Kinder in (Süd-)Italien so selbstverständlich in den Alltag integriert werden, fehlt es an Angeboten, die speziell auf die Konsumentengruppe der Kids zugeschnitten sind.

Mit etwas Phantasie bietet die Region aber jede Menge Abenteuer, Spiel und Spaß: Paddeln und Ballspielen an langen Sandstränden, wilde Bergschluchten und fast ausgestorbene Handwerke wie Holzschnitzer oder Köhler. Kinderglück, das kann auch heißen, Orangen selbst vom Baum zu pflücken, Schwertfische zu bestaunen oder dem Pizzabäcker zuzuschauen, wie er den Teig hoch in die Luft wirft. Und in der *gelateria* lernen die Sprösslinge spielend ein paar Brocken Italienisch: *un cono con limone e fragola per me* – für mich eine Tüte mit Zitrone und Erdbeer!

Kalabrien ist auch Märchenland: Lassen Sie sich von den Geschichten Ihrer Kindheit neu verzaubern, wenn

> *www.marcopolo.de/kalabrien*

MIT KINDERN REISEN

Sie an einem Küstenwachturm Seeräuberlatein spinnen oder am Ort des Geschehens, in Scilla, die homerische Story vom Schiffe verschlingenden Monster Skylla aus den „K assischen Sagen des Altertums" vorlesen.

Erholsam für Eltern ist das breite Angebot von Bauernhofferien auf *agriturismo*-Betrieben im Hinterland. Eine Grenze kennt die Kinderliebe der Kalabresen freilich: In eleganten Restaurants werden lärmende *bambini* deutlich als Störung empfunden – es gibt ja genug Trattorien und Pizzerien.

▮ RIVIERA DEI CEDRI ▮

NUOVO AQUA FANS [116 B4]

Nicht nur bei Kindern sehr beliebt ist dieser Wasservergnügungspark bei Praia a Mare. *Mitte Mai–Sept. tgl. 10–19 Uhr | je nach Saison und Wochentag 7–16 Euro, Kinder 4–10 Euro, bis 105 cm frei, nach 16 Uhr* reduzierter Eintritt | Ortsteil Fiuzzi | *www.aquafans.it*

◼ POLLINO UND SIBARI ◼

ACQUAPARK ODISSEA 2000   [119 D1]
Wasserspaßpark zwischen Rossano und Mirto mit Attraktionen wie Twister, Kamikaze und Gummibootachterbahn. *Mitte Juni–Mitte Sept. tgl. 9–18.30 Uhr | ab 11 Euro, Kinder bis 105 cm frei | Ortsteil Zolfara, Villaggio Nausicaa | www.odissea2000.it*

CENTRO STUDI NATURALISTICI
DEL POLLINO IL NIBBIO   [116 C4]
Das kindergerechte naturhistorische Museum steht direkt unterhalb des Kastells von Morano Calabro. Mit Liebe zum Detail gestaltete Schaukästen führen die Lebenswelten des Pollino vor Augen und Ohren. *Juni bis Sept. tgl. 9.30–13 und 16–20.30 Uhr, Okt.–Mai Di–So 10–13 und 15*

Kleiner Mann, große Jacke: In Italien lernen schon die bambini, bella figura zu machen

bis 18 Uhr | 3 Euro, Kinder 2 Euro | Vico II. Annunziata 11 | *www.ilnibbio.it*

INTERNATIONALE KINDERBIBLIOTHEK
IN ALTOMONTE   [116 C5]
In der *Thejane Gaspero Memorial Library for Children* im Palazzo del Comune können Kinder schmökern (Italienischkenntnisse nicht erforderlich), während die Eltern in Ruhe durch die Altstadt streifen. *Sept.–Juli Mo, Mi und Fr 10–12 und 16–19, Di, Do und Sa 16–19 Uhr | Via S. Biscardi 2/4 (Piazza S. Francesco)*

◼ COSENZA UND DIE SILA ◼

FERROVIE DELLA CALABRIA   [118 B–C2]   Insider Tipp
Raus aus dem Auto: ein umweltverträgliches und billiges Vergnügen ist eine Fahrt mit der Schmalspurbahn aus Cosenza hoch in die Sila Grande bis Camigliatello Silano. Der Abfahrtsbahnhof liegt nahe der Altstadt. *Mo–Sa einmal tgl. | einfache Fahrt (1,5 Std.) 2 Euro | www.ferroviedellacalabria.it*

◼ CATANZARO UND CROTONE ◼

AQUARIUM CAPO RIZZUTO   [119 F5]
500 m vor dem Leuchtturm am Capo Rizzuto wurde das *Centro di Educazione all'Ambiente Marino* der Riserva Marina eingerichtet: Seeanemonen, Fische und sogar Seeigel zum Anfassen. *Tgl. 10–13 und 16 bis 19 Uhr | 2,50 Euro, Kinder 2 Euro | Piazza del Santuario | www.riservamarinacaporizzuto.it*

◼ TROPEA UND COSTA VIOLA ◼

ACQUAPARK ZAMBRONE   [120 C1–2]
Spaßbad an der SS 522 zwischen Tropea und Briatico. *Area baby* und

MIT KINDERN REISEN

Wasserrutschen, Papa surft im Flow-Rider. *Mitte Juni–Mitte Sept. tgl. 10 bis 18 Uhr (im Aug. länger) | 19 Euro, Kinder bis 12 Jahre und unter 150 cm 11 Euro, unter 105 cm frei | www.acquapark.it*

GELATERIA ERCOLE IN PIZZO [121 D1]

In Pizzo sind die Seeigel *(ricci di mare)* aus *gelato*. Franco Di Iorgi macht mit seinen eiskalten Kreationen nicht nur Kinder glücklich. *Piazza della Repubblica 18*

MUSEO CIVICO DI ETNOGRAFIA E FOLCLORE IN PALMI [120 C3]

Im Sommer tanzen auf Volksfesten zwei Riesen aus bunt bemaltem Pappmaché. Die Prozessionsstatuen der tapferen, blonden Mata und des dunkelhäutigen, triefäugigen Sarazenen Grifone sind das ganze Jahr über im leicht angestaubten Volkskunde- und Folkloremuseum von Palmi zu bestaunen. *Mo–Fr 8.30–14, Do auch 15.15–18.15 Uhr | 1,50 Euro, Kinder bis 14 Jahre frei | Via San Giorgio*

MUSEO DEL MARE IN PIZZO [121 D1]

Pizzo ist seit Urzeiten ein Zentrum des Thunfischfangs. Das private Meeresmuseum vermittelt einen anschaulichen Eindruck vom mühseligen Leben der Fischer. Zu den Exponaten gehören ein ausgestopfter Haifisch, echte Schwämme und ein Walskelett. *Geöffnet auf Anfrage | Tel. 09 63 53 49 03 | Piazza Repubblica*

REGGIO UND ASPROMONTE
GELATERIA CESARE IN REGGIO [120 B5]

Versüßt den Museumsbesuch: Im bunten Kiosk an der Piazza Indipendenza gibt es das beste *gelato* beiderseits der Meerenge von Messina.

SORIANO CALABRO [121 D2]

Die Ruinen des 1783 eingestürzten Dominikanerkonvents überragen das

Brunnen: MDCCC, Kind: MMIV

Handelsstädtchen. Wenn Ihre Kinder nicht schon von den auch noch als Ruine imposanten Dimensionen beeindruckt sind, sollten Sie sie auf die *mostaccioli* vertrösten: Nicht nur Kinder lieben die phantasiereichen Fabeltiere aus Honiggebäck. Unbedingt probieren! Ein Tipp für die Eltern: vor dem Abbeißen in Süßwein tauchen.

TRENINO DI GERACE [121 D4]

Ein quietschbunter Töff-töff-Zug karrt fußfaule Italiener und müde *bambini* durch den stillen Bergort. *Abfahrt am Piazzale Santa Maria Egiziaca unterhalb der Altstadt | 2,50 Euro, keine Kinderermäßigung*

> VON ANREISE BIS ZOLL

Urlaub von Anfang bis Ende: die wichtigsten Adressen und Informationen für Ihre Kalabrienreise

▰ ANREISE ▰

AUTO

Die Strecke München–Reggio di Calabria beträgt 1600 km. Die Autobahnen in Italien, Österreich und der Schweiz sind mautpflichtig. Im Sommer verkehren Autoreisezüge *(Tel. 01805/24 12 12 | www.autozug.de)* aus Deutschland nach Verona und aus Österreich nach Florenz und Rom *(www.oebb.at)*.

BAHN

Von München nach Tropea brauchen Sie etwa 19 Stunden, die Rückfahrkarte kostet inkl. Liegewagen ohne Ermäßigung ab 300 Euro. *www.bahn. de, www.oebb.at, www.sbb.ch*

FLUGZEUG

Charter- und Billigflieger aus den deutschsprachigen Ländern landen im Sommerhalbjahr in Lamezia Terme. Ganzjährig werden Lamezia Terme und Reggio di Calabria von der Alitalia mit Umsteigen in Mailand oder Rom angeflogen. Preise je nach Saison ab ca. 100 Euro.

▰ AUSKUNFT ▰

Der Umgang mit den offiziellen Fremdenverkehrsämtern Kalabriens erfordert Geduld! Allgemeine Infos finden Sie online auf *www.turismo.re gione.calabria.it.* Die Provinzregierungen übernehmen die Aufgaben der aufgelösten Azienda di Promo-

PRAKTISCHE HINWEISE

zione Turistica (APT), Adressen lokaler Touristenbüros finden Sie, soweit vorhanden, unter »Auskunft« in den Regionenkapiteln dieses Bandes.

AZIENDA DI PROMOZIONE TURISTICA
– *88100 Catanzaro | Piazza Rossi | Fax 09 61 74 13 65 | www.provincia. catanzaro.it*
– *87100 Cosenza | Via Galliano 6 | Fax 09 84 81 44 88 | www.provincia. cosenza.it*
– *88900 Crotone | Via Mario Nicoletta 28 | Fax 09 62 95 24 32 | www. provincia.crotone.it/infoturismo*
– *89100 Reggio di Calabria | Piazza Italia | Fax 09 65 31 24 93 | www. provincia.reggio-calabria.it/turismo*
– *89900 Vibo Valentia | Contrada Bitonto | Fax 09 63 99 72 19 | www.pro vincia.vibovalentia.it*

STAATLICHES ITALIENISCHES FREMDENVERKEHRSAMT ENIT
– *60329 Frankfurt | Kaiserstr. 65 | Fax 069/23 28 94 | enit-ffm@t-on line.de*
– *1010 Wien | Kärntnerring 4 | Fax 01/505 02 48 | info@enit.at*
– *8001 Zürich | Uraniasir. 32 | Fax 043/466 40 41 | info@enit.ch*
– *www.enit-italia.de*

■ AUTO
Geschwindigkeitsbegrenzungen: auf Autobahnen 130, auf dreispurigen Abschnitten 150 km/h, bei Regen 110 km/h, auf Schnellstraßen 110 km/h, auf Landstraßen 90 km/h, in Ortschaften 50 km/h. Außerhalb geschlossener Ortschaften muss auch tagsüber mit Abblendlicht gefahren werden! Die Promillegrenze liegt bei 0,5. Beim Verlassen des Wagens außerhalb geschlossener Ortschaften

> WAS KOSTET WIE VIEL?

> KAFFEE	**60–80 CENT**	in der Stehbar für eine Tasse Espresso
> EIS	**AB 1,50 EURO**	für eine große Kugel
> WEIN	**2–3 EURO**	für eine Karaffe (0,5 l)
> SNACK	**2–3 EURO**	für ein belegtes *panino*
> BENZIN	**UM 1,30 EURO**	für 1 l	Super bleifrei
> MUSEUM	**3–6 EURO**	für den Eintritt

ist das Tragen einer Warnweste Pflicht, und während der Fahrt ist das Telefonieren mit dem Handy verboten. Alle nach hinten über das Fahrzeug hinausragenden Ladungen (Surfbretter, Fahrräder etc.) müssen mit einer 50 x 50 cm großen, rotweiß gestreiften Warntafel gekennzeichnet sein.

Autostrade sind bis Salerno gebührenpflichtig, südlich von Salerno verläuft die A 3 Autostrada del Sole (noch) gebührenfrei bis Reggio di Calabria. Mit Kreditkarten können Sie an den Mautstellen bargeldlos bezahlen.

Tankstellen sind werktags meist 7.30–12.30 und 15–19 Uhr geöffnet, sonntags nur an Autobahnen und vereinzelt an Ausfallstraßen. An SB-Tankstellen können Sie mit 5-, 10- und 20-Euro-Scheinen rund um die Uhr tanken.

Gelbe und schwarz-gelbe Bordsteine markieren Parkverbot, blaue Bordsteinkanten gebührenpflichtige Parkplätze. Bezahlt wird an Automaten oder mit Rubbelparkscheinen, die Sie in Bars, Kiosken oder Tabakgeschäften erhalten.

CAMPING

Zahlreiche Campingplätze säumen die Küsten, ihre Saison ist jedoch meist kurz (Juli–Mitte Sept.). Infos beim italienischen Campingverband, der auf seiner Website ausgewählte Plätze auflistet *(www.camping.it)*, oder durch im Buchhandel erhältliche Campingführer. Wildes Campen ist verboten; mancher Bauer hat aber bei freundlichem Nachfragen keine Einwände.

DIPLOMATISCHE VERTRETUNGEN

DEUTSCHES GENERALKONSULAT

Via Crispi 69 | Neapel | Tel. 08 12 48 85 11 | Fax 08 17 61 46 87 | www.konsulate.de

ÖSTERREICHISCHES GENERALKONSULAT

Viale Liegi 32 | Rom | Tel. 068 55 28 80 | Fax 06 85 35 29 91 | www.austria.it

SCHWEIZERISCHES GENERALKONSULAT

Centro Direzionale, Isola B 3 | Neapel | Tel./Fax 08 17 34 11 32

EINREISE

Für Deutsche, Schweizer und Österreicher genügt der Personalausweis. Für Kinder wird ein Kinderausweis oder die Eintragung im Pass eines Elternteils verlangt.

EINTRITTSPREISE

In den archäologischen Nationalmuseen 6 Euro, in anderen Museen, Burgen und archäologischen Zonen meist 3–6 Euro. In staatlichen Museen genießen EU-Bürger unter 18 und ab 65 Jahren freien Eintritt.

GELD & KREDITKARTEN

Geldautomaten *(bancomat)* sind weit verbreitet. Die gängigen Kreditkarten werden in vielen Hotels, Restaurants, Geschäften und Tankstellen akzeptiert.

GESUNDHEIT

Versicherte aus EU-Ländern benötigen von ihrer Krankenkasse die Europäische Krankenversicherungskarte EHIC, damit die Kostenübernahme im Anspruchsfall gewährleistet ist. Anderenfalls müssen Sie Arzt und Apotheke zunächst bar bezahlen und die Belege Ihrer Kasse zur (meist problemlosen) Erstattung einreichen.

Apotheken *(farmacia)* sind meist Mo–Fr 9–13 und 16–20 Uhr geöffnet, Notdienste sind angeschlagen.

INTERNET

Fast alle offiziellen Einrichtungen Kalabriens sind mit einer eigenen Website im Internet vertreten. Ein

PRAKTISCHE HINWEISE

umfassendes Kalabrienportal mit unzähligen praktischen Tipps ist *www.quicalabria.it* (italienisch). Die Website *www.silagreca.de* begleitet ein engagiertes Buch, u. a. mit 76 Wandervorschlägen. Links und Hintergrundinfos auf *www.italien-aktiv.info* (deutsch). Museen und archäologische Stätten Italiens (italienisch und englisch): *www.museonline.it.* Die italienischen Nationalparks im Netz (italienisch und englisch): *www.parks.it.* Infos zum Wetter mit Newsletter: *www.tempoitalia.it* (italienisch). Briganten und Banditen in Süditalien (gut gegen Vorurteile): *www.brigantaggio.net.* Aktuelle Kulturinfos, gegenwartsbezogene Tipps für Studium und Urlaub, tolle Links: *www.italienwelten.de.* Eine tagesaktuelle Internetzeitung: *www.giornaledicalabria.it.*

■ INTERNETCAFÉS & WLAN ■

Seit 2005 regelt ein italienisches Antiterrorgesetz den öffentlichen Zugang ins Internet. Benutzer von Internetcafés oder Wi-Fi-Zugängen in Hotels müssen einen Lichtbildausweis vorlegen. Frei zugängliche WLAN-Plätze hat der Gesetzgeber damit praktisch ausgeschlossen. Eine Übersicht über italienische Netcafés bieten die Websites *http://cafe.ecs.net* und *www.cybercafe.it.*
– Catanzaro Lido: *Internet City (Via Sebenico 25).* ADSL-Anschluss auch für das eigene Notebook.
– Cosenza: *Café Internet (Via G. Falcone 48 | www.cosenzaweb.net).* Bar und Diskopub in Hauptbahnhofnähe.
– Reggio di Calabria: *On Line Internet Point (Via De Nava 142).* Zwei

Schritte vom Archäologischen Museum.
– Tropea: *Punto Internet–Bottega Artigiana (Largo Ruffa 5/6 | www.quellila.com).* Surfen bei Räucherstäbchenduft.

■ KLIMA & REISEZEIT ■

Hochsaison ist von Juli bis Mitte September. Dann sind sehr viele italienische Gäste unterwegs, und auch mancher Bergort erwacht zu touristischem Leben. Schon ab Mai und oft bis in den frühen November herrschen angenehme Badetemperaturen. Kenner, die auch wandern oder die Städte im Landesinneren besuchen wollen, ziehen das Frühjahr oder den Herbst vor – freilich ist bis Ostern Schnee in den Hochgebirgen keine Seltenheit. Der Winter mag an der milden Küste seine Reize haben, aber durch die starke saisonale Emigration wirken viele Orte dann etwas trostlos. Zahlreiche der in diesem Band empfohlenen Hotels – vor allem an den Küsten – öffnen nur zur Badesaison von Juni bis September oder sind zumindest ab Oktober oder November bis Ostern geschlossen. In geringerem Maß gilt das auch für Restaurants. Manche Lokale, in denen überwiegend Einheimische verkehren, sind in der Zeit der italienischen Sommerferien in den Wochen um den 15. August geschlossen.

■ MIETWAGEN ■

Die international bekannten Mietwagenagenturen sind an den Flughäfen Lamezia Terme und Reggio di Calabria vertreten. In Tropea und in den Provinzhauptstädten ist es möglich, auch kurzfristig einen Leihwagen zu mieten. Am besten lassen Sie die Reservierung durch Ihr Hotel vornehmen. Preisgünstiger ist es jedoch häufig, sich vor der Reise zu Hause bei einer der großen Leihwagenfirmen oder über Internet um eine Reservierung zu bemühen.

NOTRUFE

Vom Handy und jedem Telefonapparat im Land kostenlos:
– Polizei und Rettungsdienst *112*
– Feuerwehr *(vigili del fuoco) 115*
– Automobile Club Italiano (Pannenhilfe) *Tel. 80 31 16, Mobiltel. 800 11 68 00*

ÖFFENTLICHE VERKEHRSMITTEL

Bahnfahren ist in Italien immer noch eine billige Fortbewegungsart. Im Internet können Sie unter *www.tren italia.com* nach den besten Verbindungen suchen (auch auf Englisch).

Das kalabrische Eisenbahnnetz ist aber nur an der Küste gut ausgebaut. Fast jeder Ort auch im Landesinneren Kalabriens lässt sich per Bus erreichen. Problem dieser an sich kostengünstigen Fortbewegungsart: Die Fahrpläne sind nicht aufeinander abgestimmt. Fahrkarten und Auskunft oft in Tabakgeschäften; gute Internetportale sind *www.italybus.it* und *www.orariautobus.it.* Wenn man das Landesinnere kennen lernen und nicht einen reinen Strandurlaub verbringen möchte, erlaubt ein eigenes Auto bzw. ein Mietwagen einen viel größeren Bewegungsspielraum.

ÖFFNUNGSZEITEN

Wenn nicht anders angegeben, können Kirchen meist von 8.30 bis 12 und von 16 bis 19.30 besucht werden. Archäologische Ausgrabungen öffnen in der Regel von 9 Uhr bis 1 Stunde vor Sonnenuntergang.

WETTER IN CROTONE

Jan.	Feb.	März	April	Mai	Juni	Juli	Aug.	Sept.	Okt.	Nov.	Dez.
14	15	17	19	23	28	31	31	28	23	19	16

Tagestemperaturen in ºC

8	8	9	12	15	19	22	23	20	16	13	9

Nachttemperaturen in ºC

4	5	6	7	8	10	11	10	8	7	6	4

Sonnenschein Std./Tag

9	5	6	4	3	2	1	1	3	7	7	8

Niederschlag Tage/Monat

15	14	14	15	17	21	24	25	24	22	19	16

Wassertemperaturen in ºC

PRAKTISCHE HINWEISE

POST

Postämter sind in Italien im Allgemeinen nur vormittags geöffnet. Das Porto für einen Standardbrief oder eine Postkarte beträgt in EU-Länder und die Schweiz 65 Cent (blaue Briefkästen). Briefmarken *(francobolli)* erhält man auch in Bars oder in den Tabakgeschäften *(tabacchi)*, die mit einem großen T gekennzeichnet sind.

TELEFON & HANDY

Vorwahl nach Deutschland *0049*, nach Österreich *0043*, in die Schweiz *0041*, nach Italien *0039*. Innerhalb Italiens und auch bei Gesprächen aus dem Ausland nach Italien muss die gesamte Nummer einschließlich der Null mitgewählt werden – die ehemalige Ortsvorwahl ist in Italien fester Bestandteil der Telefonnummern.

Münztelefone sind selten, üblich sind Telefonzellen bzw. -säulen, die mit Telefonkarten *(schede telefoniche)* funktionieren, erhältlich in Bars, Tabakläden und Postämtern. Vor Benutzung die perforierte Ecke abreißen! Statt aus einer Telefonzelle können Sie auch in den außen mit einer Telefonscheibe gekennzeichneten Bars telefonieren. Über *172 00 49* können Sie ein R-Gespräch herstellen lassen oder mit Kreditkarte bezahlen (Anweisungen in deutscher Sprache).

Das italienische Mobilfunknetz ist nach GSM- und UMTS-Standard aufgebaut. Das eigene Handy *(telefonino* bzw. *cellulare)* wählt sich problemlos ein. Während die überhöhten Roaminggebühren gesenkt wurden, bleibt die Mailbox im Ausland eine Kostenfalle. Am besten schalten Sie sie – und zwar noch im Heimatland! – aus. Das Schreiben von SMS ist immer billiger als zu telefonieren. In Handys ohne SIM-Lock können italienische Prepaidkarten verwendet werden – Sie sind dann allerdings nur unter dieser italienischen Nummer zu erreichen. Mehr Infos: *www. tariftip.de*.

TRINKGELD

Beim Gehen sollten Sie, wenn Sie zufrieden waren, ca. fünf bis zehn Prozent Trinkgeld auf dem Tisch liegen lassen. Auch an der Bar im Stehen muss eine *mancia* sein – schließlich rechnen die schlecht entlohnten Espressokünstler mit dem kleinen Zusatzverdienst. In Kalabrien ist es üblich, eine Rechnung für den ganzen Tisch auszustellen – aufteilen müssen Sie unter sich.

ZEITUNGEN

Kalabriens regionale Tageszeitungen sind die Gazzetta del Sud *(www.gazzettadelsud.it)* und Il Quotidiano *(www.ilquotidianocalabria.it)* mit aktuellen Veranstaltungshinweisen und Fahrplänen. Deutschsprachige Zeitungen und Magazine sind in den Sommermonaten in den Touristenzentren erhältlich.

ZOLL

Waren für den persönlichen Bedarf können innerhalb der EU zollfrei ein- und ausgeführt werden. Richtwerte hierfür sind z. B. 800 Zigaretten, 90 l Wein und 10 l Spirituosen. Für die Schweiz gelten erheblich geringere Freimengen, u. a. 200 Zigaretten, 2 l Wein und 1 l Spirituosen.

> PARLI ITALIANO?

„Sprichst du Italienisch?" Dieser Sprachführer hilft Ihnen,
die wichtigsten Wörter und Sätze auf Italienisch zu sagen

Aussprache

Zur Erleichterung der Aussprache:

c, cc	vor „e, i" wie deutsches „tsch" in deutsch, Bsp.: dieci, sonst wie „k"
ch, cch	wie deutsches „k", Bsp.: pacchi, che
ci, ce	wie deutsches „tsch", Bsp.: ciao, cioccolata
g, gg	vor „e, i" wie deutsches „dsch" in Dschungel, Bsp.: gente
gl	ungefähr wie in „Familie", Bsp.: figlio
gn	wie in „Kognak", Bsp.: bagno
sc	vor „e, i" wie deutsches „sch", Bsp.: uscita
sch	wie in „Skala", Bsp.: Ischia
sci	vor „a, o, u" wie deutsches „sch", Bsp.: lasciare
z	immer stimmhaft wie „ds"

Ein Akzent steht im Italienischen nur, wenn die letzte Silbe betont wird. In den übrigen Fällen haben wir die Betonung durch einen Punkt unter dem betonten Vokal angegeben.

■ AUF EINEN BLICK

Ja./Nein./Vielleicht.	Sì./No./Forse.
Bitte./Danke./Vielen Dank!	Per favore./Grazie./Tante grazie.
Gern geschehen.	Non c'è di che!
Entschuldigen Sie!	Scusi!
Wie bitte?	Prego?/Come, scusi?/Come dice?
Ich verstehe Sie/dich nicht.	Non La/ti capisco.
Ich spreche nur wenig …	Parlo solo un po' di …
Können Sie mir bitte helfen?	Mi può aiutare, per favore?
Ich möchte …	Vorrei …
Das gefällt mir (nicht).	(Non) mi piace.
Haben Sie …?	Ha …?
Wie viel kostet es?	Quanto costa?
Wie viel Uhr ist es?	Che ore sono?/Che ora è?

■ KENNENLERNEN

Guten Morgen!/Tag!	Buon giorno!
Guten Abend!	Buona sera!
Gute Nacht!	Buona notte!
Hallo!/Grüß dich!	Ciao!
Wie geht es Ihnen/dir?	Come sta?/Come stai?

SPRACHFÜHRER ITALIENISCH

Danke. Und Ihnen/dir?	Bene, grazie. E Lei/tu?
Auf Wiedersehen!	Arrivederci!
Tschüss!	Ciao!
Bis bald!	A presto!
Bis morgen!	A domani!

■ UNTERWEGS

AUSKUNFT

links/rechts	a sinistra/a destra
geradeaus	diritto
nah/weit	vicino/lontano
Wie weit ist das?	Quanti chilometri sono?
Ich möchte … mieten.	Vorrei noleggiare …
… ein Auto …	… una macchina.
… ein Fahrrad …	… una bicicletta.
… ein Boot …	… una barca.
Bitte, wo ist …	Scusi, dov'è …
… der (Haupt-)Bahnhof?	… la stazione? (centrale)
… der Hafen?	… il porto?
… die Haltestelle?	… la fermata?
… der Anleger?	… l'imbarcadero?

PANNE

Ich habe eine Panne.	Ho un guasto.
Würden Sie mir einen Abschleppwagen schicken?	Mi potrebbe mandare un carro-attrezzi?
Entschuldigung, gibt es hier in der Nähe eine Werkstatt?	Scusi, c'è un'officina qui vicino?

TANKSTELLE

Wo ist bitte die nächste Tankstelle?	Dov'è la prossima stazione di servizio, per favore?
Ich möchte … Liter …	Vorrei … litri di …
… Super./… Diesel.	… super./… gasolio.
… Bleifrei/… Verbleit.	… senza piombo/… con piombo.
Voll tanken, bitte.	Il pieno, per favore.

UNFALL

Hilfe!	Aiuto!
Achtung!/Vorsicht!	Attenzione!

Rufen Sie bitte schnell …
    … einen Krankenwagen.
    … die Polizei.
    … die Feuerwehr.
Haben Sie Verbandszeug?
Geben Sie mir bitte Ihren
Namen und Ihre Anschrift!

Chiami subito …
    … un'autoambulanza.
    … la polizia.
    … i vigili del fuoco.
Ha materiale di pronto soccorso?
Mi dia il Suo
nome e indirizzo, per favore!

■ ESSEN/UNTERHALTUNG

Wo gibt es hier …
    … ein gutes Restaurant?
    … ein typisches Restaurant?
Gibt es in der Nähe
eine Eisdiele?
Reservieren Sie uns bitte
für heute Abend einen
Tisch für vier Personen.

Auf Ihr Wohl!
Bezahlen, bitte.
Hat es geschmeckt?
Haben Sie einen
Veranstaltungskalender?

Scusi, mi potrebbe indicare …
    … un buon ristorante?
    … un locale tipico?
C'è una gelateria qui
vicino?
Può riservarci per stasera un
tavolo per quattro persone?

(Alla Sua) salute!
Il conto, per favore.
Andava bene?
Ha un programma delle
manifestazioni?

■ EINKAUFEN

Wo finde ich …
    … eine Apotheke?
    … eine Bäckerei?
    … ein Fotogeschäft?

    … ein Kaufhaus?
    … ein Lebensmittelgeschäft?

    … den Markt?
    … einen Supermarkt?
    … einen Tabakladen?
    … einen Zeitungshändler?

Dove posso trovare …
    … una farmacia?
    … un panificio?
    … un negozio di articoli
    fotografici?
    … un grande magazzino?
    … un negozio di generi
    alimentari?
    … il mercato?
    … un supermercato?
    … un tabaccaio?
    … un giornalaio?

■ ÜBERNACHTEN

Können Sie mir bitte …
empfehlen?
    … ein Hotel …
    … eine Pension …
Ich habe bei Ihnen ein
Zimmer reserviert.

Scusi, potrebbe
consigliarmi …
    … un albergo?
    … una pensione?
Ho prenotato
una camera.

SPRACHFÜHRER

Haben Sie noch …
   … ein Einzelzimmer?
   … ein Zweibettzimmer?
   … mit Dusche/Bad?
   … für eine Nacht?
   … für eine Woche?
   … mit Blick aufs Meer?
Was kostet das Zimmer …
   … mit Frühstück?
   … mit Halbpension?

È libera …
   … una singola?
   … una doppia?
   … con doccia/bagno?
   … per una notte?
   … per una settimana?
   … con vista sul mare?
Quanto costa la camera …
   … con la prima colazione?
   … a mezza pensione?

■ PRAKTISCHE INFORMATIONEN

Können Sie mir einen
guten Arzt empfehlen?
Ich habe …
   … Fieber.
   … Durchfall.
   … Kopfschmerzen.
   … Zahnschmerzen.
Was kostet …
   … ein Brief …
   … eine Postkarte …
nach Deutschland?

Mi può consigliare un
buon medico?
Ho …
   … la febbre.
   … la diarrea.
   … mal di testa.
   … mal di denti.
Quanto costa …
   … una lettera …
   … una cartolina …
per la Germania?

■ ZAHLEN

0	zero	19	diciannove
1	uno	20	venti
2	due	21	ventuno
3	tre	30	trenta
4	quattro	40	quaranta
5	cinque	50	cinquanta
6	sei	60	sessanta
7	sette	70	settanta
8	otto	80	ottanta
9	nove	90	novanta
10	dieci	100	cento
11	undici	101	centouno
12	dodici	200	duecento
13	tredici	1000	mille
14	quattordici	2000	duemila
15	quindici	10000	diecimila
16	sedici		
17	diciassette	1/2	un mezzo
18	diciotto	1/4	un quarto

> Die Seiteneinteilung für den
Reiseatlas finden Sie auf dem hinteren
Umschlag dieses Reiseführers.

Mit freundlicher Unterstützung von

kein urlaub ohne

holiday autos

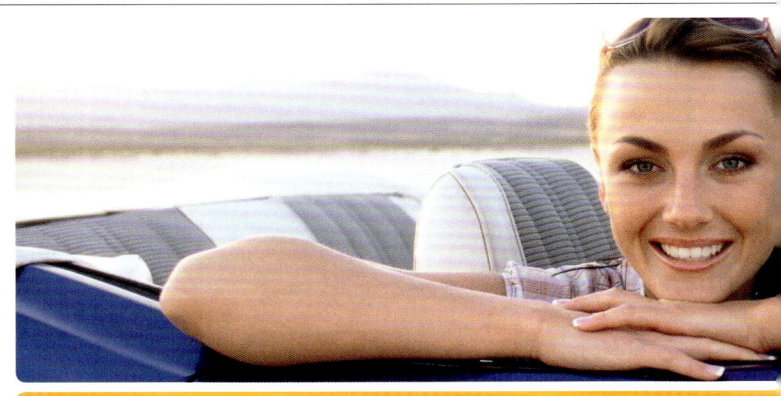

gang einlegen, gas geben, urlaub kommen lassen.

holiday autos vermittelt ihnen ferienmietwagen zu alles
inklusive preisen an über 5.000 stationen – weltweit.

REISEATLAS
KALABRIEN

Lido
Sant'Angelo
Capo Trionto
Mirto Crosia

Rossano
(297)
Crosia
59
Città di Castiglio
Cariati
Punta Fiume Nicà
Cropalati
383
6
106
Mandatoriccio
Terravecchia
Crucoli Torretta
Nicà
22
Punta Alice
Longobucco
M. Basilico
(784)
1013
Bocchigliero
282
Campana
529
Crucoli
Monte Lelo
56
 C̀irò
**Cirò
Marina**
Monte Pettinascura
(1001)
Ponte dei Pesci
Carfizzi
Melissa
Torre Melissa
Savelli
Verzino
35
15
San Nicola
492
Germano
Serra Paluri
dell'Alto
Strongoli
Giovanni
645
404
Petelia
in Fiore
21
Acerenzia
Casabona
15
10
i l l a
Cerenzia
53
Belvedere
C r o t o n e
di Spinello
Rocca di Neto
10%
Lago
19
Ampollino
Cotronei
Neto
nte Gariglione
179
13
M
17
E90
Santa
107
lla Sila
Severina
5
Tirivolo
Petilia
107b
Policastro
27
(890)
San Mauro
Crotone
Mesoraca
Marchesato
109
8
Capo Colonna
4
Cutro
Petronà
106
Sàlica
Sersale
180
Tempio di
Zagarise
Hera Lacinia
Soveria Simeri
16
Cropani
67
Capo Cimiti
Sellia
13
15
Marina
**Isola
di Capo Rizzuto**
Catanzaro
9
Cropani
Botricello
le Castella
Capo Rizzuto
Petrizia
Marina
Capo Rizzuto
Riserva Naturale Capo Rizzuto
Marina di Capo Rizzuto

G o l f o

Catanzaro Marina
Roccelletta di Borgia/Scolacium
ido di Squillace
ta di Staletti

d i

S q u i l l a c e

verato

a di Davoli

10 km

6

A B C

1

Mare Tirreno

Santa

Costa degli Dei Br

522

13

Tropea

Vib

Ricadi Spilinga

2 Capo Vaticano M. Poro
710
Coccorino Rombiolo

Joppolo

Nicotera Marina Nicotera

Golfo di Gioia

Rosarno

San Ferdinando
Eranova

18 Rosa

3 **Gioia Tauro** **Polis**

60

Lido di Palmi 8 Gioia Tauro

Palmi 13

Palmi Palmi **Taurian**

15

Seminara 14

S. Elia Va

Golfo di Milazzo Spartà **Bagnara** Bagnara 2b. O

S. Saba **Calabra** Cal. 1d.

Torre Faro A3 Cosolet

4 Castanea Scilla Costa Sinopoli
delle Furie 609 20
Villafranca T. 113d. Sant'Agata Scilla 11 21 10%
Villafranca E90 Delianuova 1572
Tirrena 15 20 Villa S. Giovanni *di*
Romette Divieto Campo Calabro **Aspromon**
Spadafora Messina **Villa** Calanna *d*
Saponara Centro **S. Giovanni** Gallico 30 7 Gambarie Montalto
Rometta 10 Santo Stefano 3 1955
Monforte Mess Sud- in Aspromonte **Parco Naz.**
San Giorgio Tremestieri 11 Calopinace 28 **dell'Aspromont**
Sicilia Galati
Monte Marina Sant'Agata Cardeto Punta d' Atò *Roghudi*
Poverello 26 1051 1379 M. Lesti
1279 Itala 13 **RÉGGIO** San Gregorio Roccaforte del o Grosso
Alì **DI CALABRA** M. Embrisi Greco 1307
risi A18 Scaletta Péllaro E90 Bagaladi Gallicianò Bova
anici Zanclea Bocale Motta Montebello
E45 San Giovanni Ionico Amendolea
Alì Terme Lazzaro 30 13
Roccalumera Pentedáttilo 15 106
114 Roccalumera Melito Bova
Santa Teresa di Riva **di Porto Salvo** Marina di Marina Palizzi
25 San Lorenzo

120

KARTENLEGENDE

Autobahn mit Anschlussstellen	Motorway with junctions
Autobahn in Bau	Motorway under construction
Mautstelle	Toll station
Raststätte mit Übernachtung	Roadside restaurant and hotel
Raststätte	Roadside restaurant
Tankstelle	Filling-station
Autobahnähnliche Schnell-straße mit Anschlussstelle	Dual carriage-way with motorway characteristics with junction
Fernverkehrsstraße	Trunk road
Durchgangsstraße	Thoroughfare
Wichtige Hauptstraße	Important main road
Hauptstraße	Main road
Nebenstraße	Secondary road
Eisenbahn	Railway
Autozug-Terminal	Car-loading terminal
Zahnradbahn	Mountain railway
Kabinenschwebebahn	Aerial cableway
Eisenbahnfähre	Railway ferry
Autofähre	Car ferry
Schifffahrtslinie	Shipping route
Landschaftlich besonders schöne Strecke	Route with beautiful scenery
Touristenstraße	Tourist route
Wintersperre	Closure in winter
Straße für Kfz gesperrt	Road closed to motor traffic
Bedeutende Steigungen	Important gradients
Für Wohnwagen nicht empfehlenswert	Not recommended for caravans
Für Wohnwagen gesperrt	Closed for caravans

Sehenswert: Kultur - Natur	Of interest: culture - nature
Badestrand	Bathing beach
Besonders schöner Ausblick	Important panoramic view
Ausflüge & Touren	Excursions & tours
Nationalpark, Naturpark	National park, nature park
Sperrgebiet	Prohibited area
Kirche	Church
Kloster	Monastery
Schloss, Burg	Palace, castle
Moschee	Mosque
Ruinen	Ruins
Leuchtturm	Lighthouse
Turm	Tower
Höhle	Cave
Ausgrabungsstätte	Archaeological excavation
Jugendherberge	Youth hostel
Allein stehendes Hotel	Isolated hotel
Berghütte	Refuge
Campingplatz	Camping site
Flughafen	Airport
Regionalflughafen	Regional airport
Flugplatz	Airfield
Staatsgrenze	National boundary
Verwaltungsgrenze	Administrative boundary
Grenzkontrollstelle	Check-point
Grenzkontrollstelle mit Beschränkung	Check-point with restrictions
PARIS Hauptstadt	Capital
MARSEILLE Verwaltungssitz	Seat of the administration

REGISTER

Im Register sind alle in diesem Reiseführer erwähnten Orte und Ausflugsziele verzeichnet. Halbfette Seitenzahlen verweisen auf den Haupteintrag, kursive auf ein Foto.

SCHREIBEN SIE UNS!

Liebe Leserin, lieber Leser,

wir setzen alles daran, Ihnen möglichst
aktuelle Informationen mit auf die
Reise zu geben. Dennoch schleichen
sich manchmal Fehler ein – trotz
gründlicher Recherche unserer
Autoren/innen. Sie haben sicherlich
Verständnis, dass der Verlag dafür
keine Haftung übernehmen kann.

Wir freuen uns aber, wenn Sie
uns schreiben.

Senden Sie Ihre Post an die
MARCO POLO Redaktion,
MAIRDUMONT, Postfach 31 51,
73751 Ostfildern,
info@marcopolo.de

IMPRESSUM

Titelbild: Bucht am Cabo Vaticano (alamy images/CuboImages srl: Dionisio Iemma)
Fotos: Özlem Ahmetoglu (12 o.); alamy images/CuboImages srl: Dionisio Iemma (1); P. Amann
(2 r., 11, 22/23, 23, 30/31, 35, 38, 41, 42, 43, 55, 56/57, 58, 61, 65, 80, 92, 93, 96/97, 99, 114/115, 127);
Cactus Club: Barbara Panetta (94 M. l.); Explora: A. Albano (15 M.); Huber: Giovanni Simeone (28/29,
36/37, 66/67, 76/77, 88/89); © iStockphoto.com: barsik (14 u.), eyespeakin (94 u. r.), GoodOlga (94 o. l.),
miss_pj (14 o.), nikada33 (13 u.), pinobarilc (94 M. r.), P_Wei (15 o.), sambrogio (95 o. r.), ShyMan
(95 M.), simonkr (12 u.), Stalman (95 u. r.) M. Kirchgessner (24/25, 26); Laif: Amme (6/7, 72/73),
Celentano (8, 22, 28, 29, 48/49, 85, 100/101, 103), Galli (U. l., 90); La Terra Magica: Lenz
(3 M., 3 r., 4 r., 16/17, 18, 33, 63, 78, 87, 102); Le Puzelle: Vincenzo Bisceglia (13 o.);
Peperoncino Jazz Festival: Sergio Gimigliano/Antonio Cappellani (15 u.);
T. Stankiewicz (U. M., U. r., 2 l., 3 l., 4 l., 5, 20, 21, 27, 32, 45, 46, 50, 51, 53, 60, 68, 70, 74, 81, 83)

3., aktualisierte Auflage 2008
© MAIRDUMONT GmbH & Co. KG, Ostfildern
Verlegerin: Stephanie Mair-Huydts; Chefredaktion: Michaela Lienemann, Marion Zorn
Autoren: Peter Peter/Peter Amann; Redaktion: Nikolai Michaelis
Programmbetreuung: Leonie Dlugosch, Nadia Al Kureischi; Bildredaktion: Gabriele Forst
Szene/24h: wunder media, München
Kartografie Reiseatlas: © MAIRDUMONT, Ostfildern
Innengestaltung: Zum goldenen Hirschen, Hamburg; Titel/S. 1–3: Factor Product, München
Sprachführer: in Zusammenarbeit mit Ernst Klett Sprachen GmbH, Stuttgart, Redaktion PONS Wörterbücher
Das Werk einschließlich aller seiner Teile ist urheberrechtlich geschützt. Jede urheberrechtsrelevante
Verwertung ist ohne Zustimmung des Verlages unzulässig und strafbar. Das gilt insbesondere
für Vervielfältigungen, Übersetzungen Nachahmungen, Mikroverfilmungen und die Einspeicherung
und Verarbeitung in elektronischen Systemen.
Printed in Germany. Gedruckt auf 100% chlorfrei gebleichtem Papier

FÜR IHRE NÄCHSTE REISE

gibt es folgende MARCO POLO Titel:

DEUTSCHLAND

Allgäu
Amrum/Föhr
Bayerischer Wald
Berlin
Bodensee
Chiemgau/Berchtes-
  gadener Land
Dresden/Sächsische
  Schweiz
Düsseldorf
Eifel
Erzgebirge/Vogtland
Franken
Frankfurt
Hamburg
Harz
Heidelberg
Köln
Lausitz/Spreewald/
  Zittauer Gebirge
Leipzig
Lüneburger Heide/
  Wendland
Mark Brandenburg
Mecklenburgische
  Seenplatte
Mosel
München
Nordseeküste
  Schleswig-
  Holstein
Oberbayern
Ostfriesische Inseln
Ostfriesland/
  Nordseeküste
  Niedersachsen/
  Helgoland
Ostseeküste
  Mecklenburg-
  Vorpommern
Ostseeküste
  Schleswig-
  Holstein
Pfalz
Potsdam
Rheingau/
  Wiesbaden
Rügen/Hiddensee/
  Stralsund
Ruhrgebiet
Schwäbische Alb
Schwarzwald
Stuttgart
Sylt
Thüringen
Usedom
Weimar

ÖSTERREICH | SCHWEIZ

Berner Oberland/
  Bern
Kärnten
Österreich
Salzburger Land

Schweiz
Tessin
Tirol
Wien
Zürich

FRANKREICH

Bretagne
Burgund
Côte d'Azur/
  Monaco
Elsass
Frankreich
Französische
  Atlantikküste
Korsika
Languedoc-
  Roussillon
Loire-Tal
Normandie
Paris
Provence

ITALIEN | MALTA

Apulien
Capri
Dolomiten
Elba/Toskanischer
  Archipel
Emilia-Romagna
Florenz
Gardasee
Golf von Neapel
Ischia
Italien
Italienische Adria
Italien Nord
Italien Süd
Kalabrien
Ligurien/
  Cinque Terre
Mailand/Lombardei
Malta/Gozo
Oberital. Seen
Piemont/Turin
Rom
Sardinien
Sizilien/
  Liparische Inseln
Südtirol
Toskana
Umbrien
Venedig
Venetien/Friaul

SPANIEN | PORTUGAL

Algarve
Andalusien
Barcelona
Baskenland/Bilbao
Costa Blanca
Costa Brava
Costa del Sol/
  Granada
Fuerteventura

Gran Canaria
Ibiza/Formentera
Jakobsweg/Spanien
La Gomera/El Hierro
Lanzarote
La Palma
Lissabon
Madeira
Madrid
Mallorca
Menorca
Portugal
Spanien
Teneriffa

NORDEUROPA

Bornholm
Dänemark
Finnland
Island
Kopenhagen
Norwegen
Schweden
Südschweden/
  Stockholm

WESTEUROPA | BENELUX

Amsterdam
Brüssel
Dublin
England
Flandern
Irland
Kanalinseln
London
Luxemburg
Niederlande
Niederländische
  Küste
Schottland
Südengland

OSTEUROPA

Baltikum
Budapest
Estland
Kaliningrader
  Gebiet
Lettland
Litauen/Kurische
  Nehrung
Masurische Seen
Moskau
Plattensee
Polen
Polnische Ostsee-
  küste/Danzig
Prag
Riesengebirge
Russland
Slowakei
St. Petersburg
Tschechien
Ungarn
Warschau

SÜDOSTEUROPA

Bulgarien
Bulgarische
  Schwarzmeerküste
Kroatische Küste/
  Dalmatien
Kroatische Küste/
  Istrien/Kvarner
Montenegro
Rumänien
Slowenien

GRIECHENLAND | TÜRKEI | ZYPERN

Athen
Chalkidiki
Griechenland
  Festland
Griechische
  Inseln/Ägäis
Istanbul
Korfu
Kos
Kreta
Peloponnes
Rhodos
Samos
Santorin
Türkei
Türkische Südküste
Türkische Westküste
Zakinthos
Zypern

NORDAMERIKA

Alaska
Chicago und
  die Großen Seen
Florida
Hawaii
Kalifornien
Kanada
Kanada Ost
Kanada West
Las Vegas
Los Angeles
New York
San Francisco
USA
USA Neuengland/
  Long Island
USA Ost
USA Südstaaten/
  New Orleans
USA Südwest
USA West
Washington D.C.

MITTEL- UND SÜDAMERIKA

Argentinien
Brasilien
Chile
Costa Rica
Dominikanische
  Republik

Jamaika
Karibik/
  Große Antillen
Karibik/
  Kleine Antillen
Kuba
Mexiko
Peru/Bolivien
Venezuela
Yucatán

AFRIKA | VORDERER ORIENT

Ägypten
Djerba/
  Südtunesien
Dubai/Vereinigte
  Arabische Emirate
Israel
Jerusalem
Jordanien
Kapstadt/
  Wine Lands/
  Garden Route
Kenia
Marokko
Namibia
Qatar/Bahrain/
  Kuwait
Rotes Meer/Sinai
Südafrika
Tunesien

ASIEN

Bali/Lombok
Bangkok
China
Hongkong/
  Macau
Indien
Japan
Ko Samui/
  Ko Phangan
Malaysia
Nepal
Peking
Philippinen
Phuket
Rajasthan
Shanghai
Singapur
Sri Lanka
Thailand
Tokio
Vietnam

INDISCHER OZEAN | PAZIFIK

Australien
Malediven
Mauritius
Neuseeland
Seychellen
Südsee

> UNSER INSIDER

MARCO POLO Autor Peter Amann im Interview

Peter Amann bereist die Stiefelspitze seit mehr als 15 Jahren. Jedes Jahr verbringt er einige Monate in Süditalien und auf Sizilien.

Was fasziniert Sie an Kalabrien?

Kalabrien ist die kontrastreichste Region des Mezzogiorno. Keine leichte Kost. Schönes und Hässliches liegen oft dicht nebeneinander. Doch trotz aller Bausünden an der Küste ist das Meer über weite Abschnitte immer noch wunderbar, und im Landesinneren lockt eine wilde, wenig berührte Natur. Die als rau verschrienen Kalabresen erweisen sich oft als die gastfreundlichsten Süditaliener, und Geschichte geht hier durch den Magen. Wein aus Cirò tranken bereits die Olympiasieger der Antike. Außer herrlichen Wandergebieten im Pollino und Aspromonte begeistern mich vor allem die zahlreichen Gelegenheiten, gute Musik zu hören, seien es die Jazzfestivals von Roccella Ionica und Diamante oder Ethnomusikraves in den Bergen.

Mögen Sie die kalabrische Küche?

Auf jeden Fall! Sie ist so vielgestaltig wie das Land. Kalabrien ist ein vom Meer umspültes Gebirgsland mit jahrtausendealter Geschichte – das spiegelt sich in der Küche wider. In die scharfen Geheimnisse der *cucina calabrese* wurde ich bereits während meiner Studienzeit in Rom als Gast einer sizilianisch-kalabrischen Familie eingeführt. Besonders schätze ich die zahlreichen Zubereitungsarten von Auberginen, die scharfen Würste und die erfrischenden *granite*.

Und was gefällt Ihnen weniger?

Korruption, EU-Subventionsschwindel und mafiöse Strukturen – Realitäten, mit denen Urlauber glücklicherweise nur selten in direkte Berührung kommen.

Was machen Sie beruflich?

Ich habe meine Passion zum Beruf gemacht: Seit Abschluss meines Geografiestudiums in München und Rom arbeite ich als Studienreiseleiter. Später habe ich auch noch Archäologie und Kunstgeschichte studiert. Am meisten lerne ich durch die Neugierde meiner Gäste und Leser.

Was prädestiniert Sie als MARCO POLO Autor?

Ich liebe Süditalien und kenne mich dort gut aus. An MARCO POLO Reiseführern schätze ich den lockeren Ton, der dabei aber nie die handfesten Tipps vergisst, gerne auch ausgefallene.

Können Sie sich vorstellen, auch einmal ganz in Kalabrien zu leben?

Ich könnte mir vorstellen, für einen Teil des Jahres in Süditalien zu leben. Die Bewältigung des Alltags in Kalabrien – Amtsgänge, Krankenhausbesuche u. Ä. – wäre mir ehrlich gesagt zu anstrengend.

> BLOSS NICHT!

Auch in Kalabrien gibt es ein paar Dinge, die Sie vermeiden sollten

Anhalterin spielen

Das könnte missverstanden werden. Einige süditalienische Machos glauben ungerührt, dass jede *autostoppista* auf erotische Abenteuer aus sei.

Neugierig auf die 'ndrangheta

Fragen der Touristen nach dem organisierten Verbrechen nerven viele Einheimische. Stellen Sie erst ein Vertrauensverhältnis her, bevor Sie das delikate Thema anschneiden.

Die Ruhe verlieren

Ob an der Hotelrezeption oder mit dem Auto auf der Straße: *pazienza* (Geduld) heißt das Zauberwort, mit dem man meist schneller weiterkommt, als wenn man sich aufregt.

Cappuccino nach dem Essen

In Süditalien gibts nur eins nach dem Essen: *caffè*. Der kleine, starke, schwarze Espresso ist deutlich bekömmlicher als Milchkaffee.

Getrennte Rechnungen verlangen

Wenn Freunde zusammen zum Essen ausgehen, wird nicht wie in Deutschland pingelig auseinanderdividiert, wenn es ans Zahlen geht, sondern jeder wirft *alla romana* seinen Anteil in die Mitte. In vielen süditalienischen Trattorien wird grundsätzlich pro Tisch abgerechnet.

Halb nackt in der Stadt

Kurze Hosen und nackter Oberkörper gehören an den Strand. Beim Stadtbummel und Restaurantbesuch sind sie verpönt.

Wertsachen im Auto lassen

Beschaffungskriminalität gibt es in jeder großen Stadt, Kalabrien mit seiner hohen Jugendarbeitslosigkeit macht da keine Ausnahme. Italiener nehmen das Autoradio mit und lassen das Handschuhfach offen stehen. Erhöhte Vorsicht ist an den Parkplätzen der Küstenstraße und in den Großstädten geboten, während das Landesinnere als sicher gilt.

Gefälschte Markenartikel kaufen

Eine billige, weil nur scheinbar echte Prada-Sonnenbrille kann teuer werden: Bis zu 10 000 Euro Strafe werden beim Kauf von gefälschter Markenware fällig!

Im August unterwegs

Hotels, Strände und Straßen sind im italienischen Ferienmonat restlos überfüllt. Am 15. August zu *ferragosto* steht das ganze Land im Stau. Nur für Leute, die den totalen Trubel lieben!

Trinkgeld an der Bar vergessen

Auch wer im Stehen seinen *caffè* trinkt, legt eine kleine Münze zusammen mit dem *scontrino* (Kassenzettel) für den *barista* auf den Tresen.